Wann kommt welcher Veggie-Brei?

	Frühstück	Mittagessen	Zwischenmahlzeit	Abendessen
1. Stufe: Beginn 5. bis spätestens 7. Monat	Muttermilch/ Flaschenmilch	erste Tage: reiner Gemüsebrei zum Angewöhnen, dann Gemüse-Kartoffel-Getreide-Brei (Seite 46)	Muttermilch/ Flaschenmilch	Muttermilch/ Flaschenmilch
2. Stufe: Beginn 6. bis spätestens 8. Monat	Muttermilch/ Flaschenmilch (auch stattdessen abends möglich)	Gemüse-Kartoffel-Getreide-Brei (Seite 46)	Muttermilch/ Flaschenmilch	Milch-Getreide-Brei (Seite 60) (auch stattdessen morgens möglich)
3. Stufe: Beginn 7. bis spätestens 9. Monat	Muttermilch/ Flaschenmilch (auch stattdessen abends möglich)	Gemüse-Kartoffel-Getreide-Brei (Seite 46), nun auch in Stückchen	Getreide-Obst-Brei (Seite 66)	Milch-Getreide-Brei (Seite 60) (auch stattdessen morgens möglich)
4. Stufe: Beginn 9. bis spätestens 11. Monat	Muttermilch/ Flaschenmilch (auch stattdessen abends möglich)	Mittagessen fast wie die Großen	Getreide-Obst-Brei (Seite 66)	Milch-Getreide-Brei (Seite 60) (auch stattdessen morgens möglich)
Beginn 2. Lebensjahr	Brot mit Butter und dünnem Belag, Milch	Mittagessen fast wie die Großen	Obst	Brot mit Butter und dünnem Belag, Milch

Dipl. oec. troph. Bettina Snowdon erfuhr schon durch ihr Studium der Oecotrophologie an der Justus-Liebig-Universität in Gießen von den Vorteilen der vegetarischen Ernährung. Seitdem sie daraufhin das Fleisch von ihrem eigenen Speiseplan strich, wurde ihre Küche plötzlich bunt und gesund – bis heute ist sie von dem großen Abwechslungsreichtum der Veggie-Küche überzeugt. Nachdem sie einige Zeit bei einem ernährungswissenschaftlichen Informationsdienst gearbeitet hatte, widmete sie sich ihrem Lieblingsthema Kochen auch beruflich auf genussvollere Weise: Sie gestaltete viele Jahre als Lektorin und Programmplanerin in einigen Buchverlagen die Kochbuchlandschaft mit. Heute verfolgt sie ihre Freude am Büchermachen auch als Selbstständige, sie konzipiert, schreibt, lektoriert und übersetzt Koch- und Ernährungsbücher.

Bettina Snowdon

Veggie-Baby

Vegetarisch kochen für Babys und Kleinkinder

TRIAS

❯❯ Exkurse

Liebe Eltern,

bietet eine Ernährung ohne Fisch und Fleisch Ihrem Kind alle Nährstoffe, die es für ein gesundes Wachstum braucht? Ihr Bauchgefühl sagt Ihnen, dass Sie auf diese Lebensmittel lieber verzichten wollen, aber vielleicht sind Sie sich trotzdem unsicher. Dieses Buch möchte Ihnen eine Entscheidungshilfe geben und Ihnen zeigen, dass Vegetarisch von Anfang an problemlos möglich ist.

Oft wird von einschlägigen Institutionen vor Mangelerscheinungen gewarnt, wenn in den wichtigen Wachstumsphasen, in denen der Bedarf an verschiedenen Nährstoffen besonders hoch ist, auf Fisch und Fleisch verzichtet wird. Schon an dieser Stelle kann ich Ihnen versichern: Alle wichtigen Stoffe, die Fisch und Fleisch besitzen, sind in auch in vegetarischen Lebensmitteln vorhanden. Sicher, es gibt Unterschiede in den enthaltenen Mengen und manchmal in der Verfügbarkeit. Ich zeige Ihnen, wie Sie das Beste aus der Fülle der vegetarischen Nahrungsmittel machen und damit Ihr Kind ausgewogen ernähren. Lassen Sie sich nicht aus der Ruhe bringen: Sie müssen Ihrem Kind nichts geben, was Ihnen gegen den Strich geht, denn vegetarische Lebensmittel versorgen es ebenso gut wie Fisch und Fleisch.

Die vielen Rezepte von den ersten Breien bis hin zu einfachen Gerichten, die Ihr Kind schon am Familientisch mitessen darf, zeigen Ihnen, wie abwechslungsreich, bunt und gesund die vegetarischer Ernährung von Anfang an sein kann.

Ihnen und Ihrem Kind viel Spaß beim Entdecken und Genießen einer rundum gesunden und abwechslungsreichen Ernährungsweise

Bettina Snowdon

Vegetarisch von Anfang an

Auch ohne Fisch und Fleisch bekommen kleine Veggies alle Nährstoffe, die sie brauchen – auf Auswahl und Kombination der Lebensmittel kommt es an.

Was kleine Veggies brauchen

Geschickt kombiniert, bietet das bunte Angebot vegetarischer Nahrungsmittel alles, um Kinder gesund und quicklebendig heranwachsen zu lassen.

Ob Sie stillen oder die Flasche geben: In den ersten Monaten stellt sich die Frage nach Fisch oder Fleisch noch nicht. Doch am Ende des 6. Monats reichen die Nährstoffe aus der Muttermilch oder der Säuglings-Ersatznahrung nicht mehr aus. Ab nun braucht Ihr Baby für seine Entwicklung weitere Nährstoffe, die ihm die Milch alleine nicht mehr bieten kann. Spätestens zu Beginn des 7. Monats sollte es dann losgehen mit den ersten Breien.

Nicht Fisch, nicht Fleisch ...

Wie aber soll das im Alltag aussehen, wenn Sie Ihrem Kind weder Fisch noch Fleisch füttern möchten oder aber weniger von diesen tierischen Lebensmitteln? Schließlich ist Fleisch von fast allen Ernährungsfachleuten ganz selbstverständlich von Anfang an für die Babyernährung vorgesehen. Ist es denn dann auch ganz ohne möglich? Das ist es – wenn man weiß, auf was man achten muss.

Machen Sie sich auch bewusst, dass Geschmacksvorlieben vor allem durch die Ernährungserfahrungen geprägt werden, die Ihr Kind von Anfang an macht. Die Lebensmittel, die Kinder schon in der Babyphase kennenlernen, werden sie vermutlich ihr Leben lang bevorzugen. Wenn Ihr Kind Fisch und Fleisch nicht, kaum oder erst sehr spät kennenlernt, werden diese Nahrungsmittel bei ihm auch später keinen großen Stellenwert haben. Als Eltern setzen Sie die Grundpfeiler für die Ernährungsweise seines ganzen künftigen Lebens. Wer kennt das nicht: Bei Mutter schmeckt's einfach immer noch am besten, und was uns als Kleinkindern schon gemundet hat, das gehört noch heute oft zu unseren Lieb-

nimmt, sind Fisch oder Fleisch ganz und gar keine notwendigen Zutaten.

Aber einige wenige Nährstoffe bedürfen besonderer Beachtung, weil sie in geringeren Mengen vorkommen oder in schlechter verfügbarer Form. Wenn Sie über etwas Hintergrundwissen verfügen und ein paar Tricks kennen, ist es völlig unproblematisch, diese Defizite aufzufangen und den kleinen Organismus mit allem zu versorgen, was er für seine Entwicklung braucht.

lingsgerichten. Doch was wir nicht von Kindesbeinen an kennen, mausert sich selten zu unseren Lieblingsspeisen.

Immer gut versorgt

Mit etwa einem halben Jahr tritt Ihr Baby in eine Wachstumsphase ein, in der die Nährstoffe der Muttermilch oder auch von entsprechender Flaschennahrung nicht mehr ausreichen und in der sich die bei der Geburt angelegten Speicher mancher Nährstoffe leeren.

All diese zusätzlichen Nährstoffe bekommt Ihr Baby durch eine vegetarische Breiernährung ebenso wie mit Beikost, die Fisch und Fleisch enthält. Auch später, wenn der Brei allmählich in feste Nahrung übergeht und Ihr Kind mehr und mehr an den Familienmahlzeiten teil-

Eisen

Unabhängig von der Ernährungsform gehört Eisenmangel in der westlichen Welt zu den häufigsten Mangelerscheinungen bei den Kleinsten. Er betrifft vegetarisch ernährte Kinder genauso wie solche, die Fisch und Fleisch bekommen. Es ist also in jedem Fall notwendig, auf den Eisengehalt der Nahrung einen besonderen Blick zu werfen. Doch für vegetarisch ernährte Babys und Kleinkinder ist der Stoff noch wichtiger, weil zwei bedeutende Quellen, nämlich Fisch und Fleisch, wegfallen und die Eisenversorgung damit noch etwas schwieriger wird. Deshalb wollen auch wir uns diesen Nährstoff besonders gründlich ansehen.

In den ersten Monaten müssen Sie sich noch keine Gedanken um Babys Eisenbedarf machen. Schon im Mutterleib haben Säuglinge für die ersten Monate in ihrem Leben »draußen« vorgesorgt und einen

Ich bin Vegetarierin – reichen die Nährstoffe in meiner Muttermilch aus?

Die Zusammensetzung der Muttermilch ist von der Ernährung abhängig. Es ist verständlich, wenn Sie sich über die ausreichende Versorgung Ihres Kindes Gedanken machen. Als Vegetarierin wissen Sie bestimmt, auf welche Nährstoffe Sie Ihr besonderes Augenmerk legen sollten und ernähren sich deshalb ohnehin ausgewogen und gesund.

Unabhängig davon, ob Sie Fisch und Fleisch essen, ist der Bedarf Ihres Körpers an manchen Nährstoffen erhöht.

Doch diese Nährstoffe sind bei Gemischtköstlerinnen und Vegetarierinnen gleichermaßen kritisch. Auf Eisen, Kalzium, Jod, Vitamine B_{12} und D, Zink und Selen sollten Sie jetzt besonders achten, denn das sind die Nährstoffe, die bei einer vegetarischen Ernährung eventuell reduziert sein könnten. Manche Nährstoffe werden dagegen bei Ihnen vermutlich sogar besser vertreten sein als bei Gemischtköstlerinnen, wie essenzielle Fettsäuren, Folsäure und Magnesium.

ordentlichen Eisenspeicher in ihrer Leber angelegt, der sie in der Regel mindestens über die ersten sechs Monate mit dem Spurenelement bestens versorgt. Ausnahmen sind Frühchen und Mehrfachgeburten, bei denen die Vorräte auch schon mal nach zwei Monaten erschöpft sein können. Doch dann, wenn sich diese Speicher mit einem halben Jahr allmählich leeren, muss Eisen von außen kommen – über das Essen.

Eisen in der Muttermilch

Muttermilch enthält geringe Mengen des Spurenelements, die aber zu dem ungewöhnlich hohen Prozentsatz von bis zu 70 % äußerst effektiv verwertet werden. Ob das den Eisenbedarf des Babys

ausreichend deckt, wenn seine eigenen Speicher geleert sind, ist aber umstritten.

Manche Studien bestätigen, dass das Stillen über den 6. Monat hinaus den Säugling mit genug Eisen versorgt. Bis zum Ende des 1. Lebensjahres soll laut diesen Studien die Eisenversorgung des Kindes alleine durch das Stillen gewährleistet sein. Maßgebliche Institutionen wie das Forschungsinstitut für Kinderernährung raten aber dazu, schon ab dem 7. Monat eisenreiche Nahrung zuzufüttern. Sie schätzen die Rolle der Muttermilch bezüglich der Eisenversorgung geringer ein.

Wenn Sie auf Nummer sicher gehen wollen, sollten Sie also nach dem 6. Monat ein Augenmerk auf die Eisenversorgung ihres Nachwuchses legen und auf den Eisengehalt der Breie achten.

Was bewirkt Eisen?

Das Spurenelement hat gleich mehrere wichtige Funktionen: Der mengenmäßig größte Teil, etwa drei Viertel, bildet das Herzstück der roten Blutkörperchen. Der rote Blutfarbstoff, das Hämoglobin, besteht aus Eisen und einem Eiweiß. An diesen Komplex dockt Sauerstoff an, um sich in alle Zellen des Körpers transportieren zu lassen und diese mit dem lebensnotwendigen Stoff zu beliefern.

Deshalb ist Eisen essenziell für viele Stoffwechselvorgänge des Körpers. Zu wenig Eisen macht sich dann auch als Erstes über die mangelnde Sauerstoffversorgung der Zellen bemerkbar: Infektionsanfälligkeit, Schlappheit, Kopfschmerz. Beim Säugling kann Eisenmangel auch die psychomotorische Entwicklung bremsen und Verhaltensänderungen bewirken. Unter Wissenschaftlern wird diskutiert, ob Eisenmangel im 1. Lebensjahr die Entwicklung von Hyperaktivität fördern kann.

Der größte Teil der restlichen Eisenmenge wird in speziellen Speicherformen, dem Ferritin im Blut und dem Hämosiderin an anderen Orten im Körper für den Fall gelagert, dass mal Not an Eisen ist. Ein kleinerer Prozentsatz ist als Myoglobin in den Muskeln für die Sauerstoffaufnahme zuständig und macht damit die Muskelbewegung überhaupt erst möglich.

Wie bekommt mein Kind ausreichend Eisen?

Für die gesunde Entwicklung Ihres Nachwuchses ist die ausreichende Versorgung mit Eisen also ganz wichtig. Deshalb lauten die heute gängigen Empfehlungen für die Babyernährung, fünfmal die Woche je 20 Gramm Fleisch zu geben und die Menge nach den ersten zwei Monaten auf 30 Gramm zu erhöhen. Ups, das wollen Sie doch gar nicht! Wie also versorgen Sie Ihren kleinen Veggie mit dem wichtigen Stoff?

Zwar enthalten einige pflanzliche Lebensmittel genauso viel Eisen wie Fleisch – aber an der Tatsache, dass Eisen aus tierischen Lebensmitteln vom Körper viel besser verwertet wird als aus pflanzlichen Quellen, lässt sich nicht rütteln. Eisen ist nicht gleich Eisen. Als sogenanntes Häm-Eisen in Fleisch ist es identisch mit unserem körpereigenen Eisen und kann so leichter vom Körper aufgenommen werden als pflanzliches.

Dieser deutliche Unterschied erklärt sich dadurch, dass das Eisen in verschiedenen Wertigkeitsstufen vorkommt: Häm-Eisen ist zweiwertig, pflanzliches Eisen dreiwertig. Die Wertigkeitsstufen sagen etwas über die Ladung der Atome und damit über die Fähigkeit des Körpers aus, dieses Eisen aufzunehmen. Beim zweiwertigen Eisen gelingt ihm das zu einem relativ hohen Prozentsatz. Dreiwertiges Eisen muss erst in zweiwertiges umgewandelt werden, bevor die Darmschleimhaut es aufnehmen kann, und das geht nicht ohne Verluste. Bis zu 20 % des Häm-Eisens werden vom Körper verwertet, während es bei Eisen aus pflanzlichen Quellen nur durchschnittlich 5 % sind.

Bremser und Förderer

Für Vegetarier scheint das eine schlechte Nachricht zu sein. Aber keine Sorge, Sie können entsprechende Vorkehrungen treffen, um die Eisenaufnahme deutlich zu verbessern. Der Trick besteht darin, dem dreiwertigen Eisen Hilfestellungen für die Umwandlung in zweiwertiges zu geben. Natürliche Säuren aus Lebensmitteln wie Vitamin C können das. So wird Eisen aus pflanzlichen Quellen dann viel besser aufgenommen.

Also wählen Sie eisenreiche pflanzliche Lebensmittel und kombinieren Sie diese dann geschickt mit solchen, die viel Vitamin C besitzen. So versorgen Sie Ihr Kind mit Eisen in ausreichender Menge. Viel

Vitamin C ist zum Beispiel in Orangen und Äpfeln enthalten. Etwas milder Orangen- oder Apfelsaft, Apfelmus im Brei oder ein paar Schlucke Vitamin-C-haltige Säfte nach der Breimahlzeit fördern die Eisenaufnahme. Später, wenn Ihr Kind am Familienessen teilnimmt, können Sie eisenreiche Lebensmittel mit Vitamin-C-reichen in den Gerichten geschickt kombinieren. Erhitzen reduziert den Vitamin-C-Gehalt übrigens stark, also bitte vorsichig erwärmen.

Doch aufgepasst: Es gibt auch Lebensmittel, die die Eisenverfügbarkeit von pflanzlichem Eisen bremsen. Diese sollten Sie möglichst selten mit eisenreichen Lebensmitteln zusammen füttern. Dazu gehören die Eiweiße aus Milch, Ei und Soja sowie Phytate, die in unverarbeitetem Getreide vorkommen. Also besser weder Milch, Ei, noch rohes Getreide zusammen mit eisenreichen Lebensmitteln zubereiten.

Getreide und Eisen – Worauf muss ich achten?

Hafer- und andere Getreideflocken werden bei der Herstellung hitzebehandelt und sind daher nicht mehr roh. Sie können sie also bedenkenlos zusammen mit eisenreichen Zutaten verarbeiten, weil ihre hemmenden Phytate weitgehend unschädlich gemacht sind. Hafer- und Hirseflocken sind selbst schon besonders eisenreich, werden meistens von Kindern auch gut vertragen und sind deshalb als erste Flocken ideal. Wählen Sie Hirseflocken, die für die Babyernährung besonders vorbehandelt und damit frei von verdauungshemmenden Stoffen sind. Im Exkurs zum Thema »Getreide« (Seite 64) finden Sie mehr hierzu.

Eisenreiche Lebensmittel	mg/100 g
Getreide	
Amaranth	9
Hirse	6,9
Hafer	5,4
Naturreis	3,2
Gemüse	
Spinat	3,8
Topinambur	3,7
Mangold	2,7
Fenchel, roh	2,7
Hülsenfrüchte	
Linsen	8
Kichererbsen, getrocknet	6,1
Nüsse, Samen, Muse	
Kürbiskerne	12,5
Sesammus	10
Mandelmus	4,1

Eisenaufnahme	
erhöht	**senkt**
Orange	Milch
Apfel	Joghurt
Sanddorn	Quark
Avocado	Ei
Himbeere	roher Hafer

Zink

Neben Eisen gibt es noch ein paar weitere Nährstoffe, die von Skeptikern vegetarischer Ernährung kritisch gesehen werden. Darunter das Spurenelement Zink.

Zink ist ein ungeheuer vielseitiges Element, das Bestandteil oder Aktivator von mehr als 100 unterschiedlichen Enzymen ist. Seine Aufgabe ist unter anderem der Aufbau von Nukleinsäuren, die die Erbinformationen enthalten, und von Eiweiß. Damit beeinflusst es Wachstumsprozesse und ist deshalb gerade für den wachsenden Organismus so wichtig. Bei Zinkmangel kommt es zu erhöhter Infektanfälligkeit, Hautentzündungen, Appetitlosigkeit, Entwicklungsstörungen und Veränderungen am Knochengerüst.

Wie bekommt mein Kind ausreichend Zink?

Zink findet man in erwähnenswerten Mengen in tierischen Produkten: in Fleisch, Fisch, Milch und Eiern – damit ist für Veggies also auch etwas dabei. Außerdem kommt Zink auch noch in pflanzlichen Nahrungsmitteln vor. Hülsenfrüchte und Getreide sind beispielsweise reich daran. Bei Getreide ist der Zinkgehalt sehr stark davon abhängig, wie stark es ausgemahlen ist. Der Grund: Zink befindet sich hauptsächlich in den Randschichten des Korns, die bei Voll-

Die doofsten Fragen und die schlagfertigsten Antworten

Wenn Sie mal wieder im Freundes- und Bekanntenkreis Rede und Antwort stehen sollen – hier ein paar Hilfestellungen für immer wiederkehrende Fragen.

Vorbehalte gegen die vegetarische Ernährung gibt es viele, besonders, wenn es um die Ernährung der Kleinsten geht. Mit klugen Antworten entkräftigen Sie die Bedenken von besorgten Mitmenschen im Handumdrehen.

Findest du es in Ordnung, deinem Kind Fisch und Fleisch vorzuenthalten? Mein Kind vermisst bestimmt nichts, was es nicht kennt. In den ersten Monaten und Jahren lernt es den großen Abwechslungsreichtum der vegetarischen Ernährung kennen, das sind jede Menge neue Geschmackserlebnisse, die es zu verarbeiten hat.

Warum machst du das? Es gibt viele gute Gründe, auf Fisch und Fleisch in der Ernährung zu verzichten. Unter anderem sind das gesundheitliche, und die Gesundheit meines Kindes liegt mir sehr am Herzen. Weil ich weiß, dass die vegetarische Ernährung meinem Kind alle wichtigen Nährstoffe bietet, die es braucht, kann ich dieses gute Gefühl haben.

Hältst du es für richtig, deinem Kind deine eigene Ernährungsweise aufzudrängen? Würde ich das mit der Entscheidung zu einer Ernährungsweise mit Fleisch und Fisch etwa nicht auch machen? Egal, was ich meinem Kind gebe – es hat diese Auswahl nicht selbst getroffen, sondern ich. Das betrifft auch alle anderen Lebensbereiche, so kleine Dinge wie die Entscheidung zwischen Tragetuch oder Kinderwagen oder auch größere wie den Besuch einer Kita. Außerdem ist mir ein gutes Gefühl bei der Ernährung meines Kindes wichtig und deshalb könnte ich meinem Kind keinesfalls das anbieten, was ich für mich selbst ablehne.

Hast du keine Angst, dass die Entwicklung deines Kindes durch die fehlenden Nahrungsmittel nicht optimal verläuft? Aber meinem Kind fehlt doch nichts – weder

Nehmen Sie Skeptikern elegant den Wind aus den Segeln!

Nahrungsmittel noch Nährstoffe! Schließlich bin ich bestens informiert und kann meinem Kind mit einer abwechslungsreichen Ernährung alles geben, was es braucht. Mit meinem Wissen versorge ich mein Kind bestimmt besser als so manche Eltern, bei denen zwar Fisch und Fleisch, aber wenig Abwechslung auf die Teller kommen.

Ohne Fisch und Fleisch fehlt doch der wichtigste Bestandteil auf dem Teller. Gibt es bei dir dann nur Beilagen? Genau besehen sind Mahlzeiten mit Fleisch oder Fisch doch oft recht eintönig: Hauptakteur ist ein Stück Fleisch oder Fisch, daneben liegt ein wenig trauriges Gemüse und auch die Sättigungsbeilage darf nicht fehlen. Wie viel abwechslungsreicher ist doch da das Vegetarische, das die Vielfalt der Gemüse, Getreide, Hülsenfrüchte, Nüsse, Samen und Kräuter ausschöpft.

Was machst du denn, wenn dein Kind bei anderen Fisch und Fleisch sieht und auch probieren will? Nichts ist verboten. Wenn mein Kind neugierig auf Fisch und Fleisch ist, darf es probieren und entscheiden, ob es das mag. Weil ich weiß, dass die Geschmacksvorlieben schon im Mutterleib geprägt werden, wird es wahrscheinlich nicht zu oft nach diesen erst spät kennengelernten Lebensmitteln verlangen.

Aber der Mensch ist doch Allesesser und braucht Fleisch ... Zum Glück sind wir aber so hoch entwickelt, dass wir schon wissen, wie es auch bestens ohne geht! Es gibt heute keine ernsthaften Argumente mehr gegen eine Ernährung ohne Fisch und Fleisch, das bestätigen alle Fachgesellschaften.

Findest du das nicht unverantwortlich? Weil ich mein Kind vegetarisch ernähre, übernehme ich viel mehr Verantwortung als jemand, der auch Fleisch und Fisch gibt. Erstens, weil ich mich bestens informiere und mit diesem Hintergrund einen ausgewogenen Speiseplan zusammenstellen kann. Aber ich übernehme damit auch Verantwortung für eine Umwelt, die vor den Folgen der Massentierhaltung geschützt werden muss. Ich wünsche mir für mein Kind eine möglichst intakte Umwelt und dafür tue ich etwas.

korn noch enthalten sind, aus weißem Mehl aber ausgesiebt werden. Deshalb ist im weißen Mehl sehr viel weniger Zink enthalten als in Vollkornmehl. Die gute Nachricht lautet also: Nicht nur Milch und Eier, sondern auch Vollkorngetreide und Hülsenfrüchte sind gute Zinkliefe-ranten für Vegetarier.

Bremser und Förderer

Doch genau wie beim Eisen ist auch die Aufnahme dieses Spurenelements über die Darmschleimhaut von verschiede-nen Faktoren abhängig. Zink tierischer Herkunft wird besser verwertet als das aus pflanzlichen Quellen, allerdings ist die Differenz in der Aufnahme von Zink aus tierischen bzw. pflanzlichen Quellen nicht so groß wie beim Eisen. Hauptsäch-lich ist das auf die Phytinsäure in Pflan-zen zurückzuführen, die die Aufnahme von Zink blockiert – und die befindet sich in größeren Mengen in Vollkorn.

Nanu, das verwirrt, denn eben hieß es noch: Vollkorn ist gut für die Zinkver-sorgung und auf jeden Fall besser als Weißmehl. Was also, wenn diese relativ hohen Zinkmengen gar nicht aufgenom-men werden können? Zum einen wird die Phytinsäure durch die übliche Hitze-behandlung von Getreide größtenteils unschädlich gemacht. Darüber hinaus verhält es sich so ähnlich wie beim Eisen: Auf das »Dazu« kommt es an. Doch wäh-rend die Eisenaufnahme durch tierisches Eiweiß, wie es in Milchprodukten und Ei-ern vorkommt, gehemmt wird, ist es hier

Gute Zinkquellen

Lebensmittel	mg/100g
Sesam	7,7
Kürbiskerne	6,1
Sonnenblumenkerne	5,7
Schnitt- und Hart-käse	4,7–5,9
Haferflocken	4
Sojabohnen	4
Amarant	3,7
Grünkern/Dinkel	3,7
Linsen	3,4
Erbsen	3
Kidneybohnen	3
Milch	0,4

Zum Vergleich

Rindfleisch	4,8
Hühnerfleisch	1
Hering	0,5

Zinkaufnahme

erhöht	senkt
Milch	Phytin (aus Vollkorn)
Eier	große Kalzium-mengen

andersherum: Diese Eiweiße verbessern die Aufnahme deutlich. Achten Sie also auf eine gute Versorgung mit zinkreichen Lebensmitteln, servieren Sie diese gleichzeitig mit Milch und Vollkorngetreide und nehmen Sie hin und wieder ein Ei in den Speiseplan auf, dann müssen Sie sich um Zink keine Sorgen machen.

Vitamin D

Die Versorgung von Babys mit dem für die Knochen- und Zahnentwicklung so wichtigen Vitamin D ist grundsätzlich ein heikles Thema, nicht nur für kleine Vegetarier. Um die Mangelerkrankung Rachitis zu vermeiden, empfiehlt die Deutsche Gesellschaft für Kinder- und Jugendheilkunde deshalb schon für jedes Neugeborene ab dem Ende der 1. Woche mindestens bis zum Ende des 1. Lebensjahres die prophylaktische Gabe von Vitamin D in Tablettenform. In der Regel werden Ihnen nach der Geburt Ihres Kindes vom Krankenhaus diese Tabletten mitgegeben.

Manche Skeptiker der vegetarischen Baby- und Kleinkindernährung stellen aber auch dieses hormonähnliche Vitamin in den Fokus ihrer besonderen Kritik. Zu unrecht, denn eine alleinige Versorgung rein über die Ernährung ist sowieso nicht möglich – da ist es egal, ob Vegetarier oder nicht. Eventuell kann es bei einer Ernährung ohne Fisch noch etwas knapper werden, weil die einzige Quelle, die wirklich erwähnenswerte

Mengen an Vitamin D liefert, fettreicher Seefisch ist – aus ihm stammt auch der Lebertran, der damals vor der Mangelkrankheit Rachitis schützen sollte und zum Glück heute Vergangenheit ist. Vegetarier können Ihre Vitamin-D-Versorgung aber beispielsweise mit Eigelb, Avocados, Milch und Butter verbessern.

Sonne, liebe Sonne
Doch für die ausreichende Versorgung mit Vitamin D ist Sonnenlicht viel wichtiger. Denn der größte Teil – 80 bis 90 % – wird im Körper selbst gebildet, und zwar unter dem Einfluss von UV-Licht. Deshalb gehen Sie mit Ihrem Kind so oft wie möglich an die frische Luft und lassen Sie Sonnenlicht an seine Haut. Aber gerade, wenn es in den Herbst- und Wintermonaten geboren ist, ist die Sonnenexposition in der notwendigen Ausprägung kaum möglich. Und weil man Säuglinge nicht gerade der prallen Sonne aussetzen soll, kann die Versorgung auch im Sommer kritisch sein. Später, wenn die zarte Kinderhaut nicht mehr ganz so empfindlich ist, wird es einfacher. Kinder, die viel im Freien spielen dürfen, haben höhere Vitamin-D-Spiegel.

Was also tun? Mit Vitamin-D-Tabletten machen Sie nichts verkehrt, befragen Sie dazu Ihren Kinderarzt. Die meisten Ärzte legen den Eltern ihrer ganz kleinen Patienten – ob Veggie oder nicht – die zusätzliche Vitamin-D-Gabe in Tablettenform dringend ans Herz. Eltern, die zwar auf Fleisch verzichten wollen, sich aber Fisch für den Nachwuchs vorstellen können, können sich an die Empfehlung halten, ein- bis zweimal wöchentlich fettreichen Seefisch zu geben. Sie entscheiden, wie streng Sie die vegetarische Ernährung sehen möchten und ob das für Sie und Ihr Kind infrage kommen könnte. Auch mit Ei, Milch- und Milchprodukten und mit Avocado erhöhen Sie die Vitamin-D-Zufuhr. Und gehen Sie so oft wie möglich an die Sonne mit Ihrem Kind.

Jod

Jod ist als Bestandteil der Schilddrüsenhormone an der Regulation von Wachstum, Knochenbildung und Hirnentwicklung beteiligt – und damit maßgeblich für die gesunde Entwicklung Ihres Kindes. Ein Jodmangel kann Entwicklungsstörungen verursachen. Man hat festgestellt, dass bei einer schlechten Jodversorgung die Orientierung auf neue Dinge und die Merkfähigkeit im 7. Monat gestört und die kognitive Entwicklung im 13. Monat bei Mangel vermindert sind.

Wie kann ich den Jod-Bedarf decken?
Die gute Versorgung mit Jod ist für Kinder wie für Erwachsene also ganz wichtig. Leider ist Deutschland ein Jodmangelgebiet, was zur Folge hat, dass Jodmangel bei uns recht verbreitet ist. Weil die wenigsten Menschen wirklich wie empfohlen zweimal in der Woche jodreichen Seefisch essen, betrifft dies längst nicht nur Vegetarier. Nur 7 % der Jodversorgung werden in unserer Bevöl-

kerung über Fisch gedeckt. Jodmangel ist also kein spezielles Vegetarier-Problem.

Wie sieht das bei den ganz Kleinen aus? Während Flaschennahrung ausreichend mit Jod angereichert ist, ist die Zusammensetzung der Muttermilch stark von der Ernährung der Mutter abhängig. Deshalb lautet die Empfehlung vieler Fachleute an die frisch gebackenen Mütter, Jodtabletten nicht nur während der Schwangerschaft, sondern auch noch in der Stillzeit einzunehmen.

Wenn dann die ersten Breie ins Spiel kommen, muss der Blick für Jod nochmals geschärft werden. Gläschenkost und Instantbreie sind oft mit Jodsalz angereichert, auch, um dem Geschmack von uns Erwachsenen entgegenzukommen.

Lebensmittel	Jodgehalt in µg pro 100 g bzw. 100 ml
jodiertes Speisesalz	1.500 bis 2.000 (=15 bis 20 µg Jod/g Salz)
zum Vergleich: Seefisch und andere Meerestiere	40–150
Eier	13
Käse	10–35
Milch	10
Nüsse	8–13
Gemüse	5–15

In Selbstgekochtes kommt in der Regel gar kein Salz, denn Babys sollten besser darauf verzichten. Ihre Nieren sind noch nicht genug ausgereift, um Salz zu verarbeiten und es würde ihren Blutdruck steigen lassen. Wenn Sie selbst kochen, dann müssen Sie leider schon fast mit der Lupe suchen, denn in den meisten Lebensmitteln ist nur sehr wenig Jod vorhanden.

Können Sie es sich vorstellen, einmal in der Woche die vegetarischen Regeln zu durchbrechen, ist es möglich, die Jodaufnahme mit Seefisch zu verbessern. Weil aber die empfohlene Fischmenge immer noch nicht ausreicht, die Jodversorgung von Veggies und Nicht-Veggies zu optimieren, sprechen sich Fachleute in jedem Fall für die zusätzliche Jodgabe aus, wenn ausschließlich selbst gekocht wird.

Manche Eltern bereiten den Milch-Getreide-Brei aus Instant-Getreidebreien zu, die mit Jod angereichert sind oder sie rühren den Milch-Getreide-Brei mit jodangereicherter Säuglingsmilch an, kochen aber die anderen Mahlzeiten selbst. Das ist eine gute Möglichkeit, dem Kind zu einer besseren Jodzufuhr zu verhelfen und so empfiehlt es auch das Institut für Kinderernährung. Normale Milch enthält ebenfalls etwas Jod, doch leider besitzt ausgerechnet Bio-Milch weniger als konventionelle. Das liegt daran, dass bei biologischer Fütterung der Kühe kein mit Mineralien angereichertes Futter eingesetzt wird.

Wollen Sie für Ihr Baby also ausschließlich selbst kochen, und das – der Gesundheit Ihres Kindes zuliebe – mit Bio-Produkten, dann sollten Sie überlegen, seinen Jodbedarf mit Jodtabletten zu decken. Sprechen Sie darüber mit dem Kinderarzt.

Sobald Kinder beginnen, bei der Familienkost mitzuessen, kann deren Portion leicht mit Jodsalz gesalzen werden, aber nicht so stark wie die elterliche Kost. Ab dem Zeitpunkt, zu dem Ihr Kind regelmäßig Brot ist, müssen Sie sich über die Jodversorgung nicht mehr so viele Gedanken machen, denn der Jodsalzgehalt in Brot ist recht hoch.

Ungesättigte Fettsäuren

Ungesättigte Fettsäuren sind Bestandteil von Zellwänden, Gehirn und Nervenzellen. Für Babys und Kleinkinder spielen sie eine besonders wichtige Rolle bei der Entwicklung von Gehirn und Augen. Im Gegensatz zu gesättigten und einfach ungesättigten Fettsäuren sind die mehrfach ungesättigten, zu denen die Omega-3- und die Omega-6-Fettsäuren gehören, essenziell. Das heißt, der Körper kann sie nicht selbst bilden, sondern sie müssen von außen zugeführt werden – über das Essen. Geht das auch bei vegetarischer Ernährung?

Gute Quellen

Große Mengen an der wichtigen Alpha-Linolensäure, einer Omega-3-Fettsäure,

Omega-3- und Omega-6-Fettsäuren

Das Verhältnis von Omega-3- und Omega-6-Fettsäuren zueinander ist ausschlaggebend – es sollten etwa fünfmal mehr Omega-6- als Omega-3-Fettsäuren sein. In der Realität ist dieses Verhältnis aber verschoben und es sind mindestens achtmal mehr. Das bedeutet, vor allem den Blick auf Omega-3-Fettsäuren zu richten und ihren Anteil zu erhöhen.

stecken vor allem in Ölen wie Rapsöl, Leinöl und Walnussöl, daneben auch in Nüssen und Samen. In den Brei gehören immer ein bis zwei Löffelchen dieser Öle. Damit stellen Sie eine Grundversorgung sicher. Lein- und Walnussöl sind aber sehr empfindlich und werden schnell ranzig. Beide gibt es in kleinen Flaschen zu kaufen, die Sie kühl und dunkel lagern und bald verbrauchen sollten. Praktischer ist Rapsöl, das sich länger hält und ebenfalls einen hohen Gehalt an Omega-3-Fettsäuren hat. Es wird hauptsächlich für die Kinderernährung empfohlen und sollte auch in Ihren Vorrat gehören.

Später, wenn Ihr Kind am Familienessen teilnimmt, können Sie viele Gerichte mit diesen Ölen verfeinern und auch öfter Nüsse integrieren. Wenn die Verschluckungsgefahr nicht mehr so groß ist, dürfen auch die Omega-3-säurenreichen Leinsamen ins Essen.

Vieles ist noch unklar

Alpha-Linolensäure aus Ölen und Samen muss im Körper erst in seine wirksamen Formen EPA und DHA umgewandelt werden, die für die Entwicklung des kleinen Organismus besonders bedeutend sind, und das geschieht leider nur zu einem geringen Prozentsatz. Manche Eltern fühlen sich deshalb wohler damit, hin und wieder etwas Fisch in den Speiseplan Ihres Kindes aufzunehmen, denn in puncto Omega-3-Fettsäuren steht fettreicher Seefisch an erster Stelle. Die beiden wichtigen Fettsäuren Eisosapentaensäure (EPA) und Docosahexaensäure (DHA) besitzt er in relativ großen Mengen.

Machen Sie sich aber keine Sorgen, wenn Fisch für Sie nicht infrage kommt. Die Forschung steckt im Bereich der Fettsäurenforschung bei Babys und Kleinkindern noch in den Kinderschuhen und es ist noch immer unklar, wie hoch der Bedarf an bestimmten Fettsäuren bei Babys und Kleinkindern tatsächlich ist. Beruhigen Sie sich mit dem Wissen, dass Mangelerscheinungen wegen ungenügender Omega-3-Fettsäurenzufuhr bei Babys eher unbekannt sind. Und das, obwohl der Hauptlieferant Fisch bis vor wenigen Jahren in der Babykost gar nicht vorgesehen war und auch heute in den wenigsten Fällen die empfohlene Fischmenge gefüttert wird. Hätten wir da nicht schon von massenhaft unterversorgten Babys und Kleinkindern hören müssen?

Wenn Sie dennoch unsicher sind, ob Ihr Kind ausreichend mit diesen Fettsäuren versorgt wird, dann sprechen Sie mit Ihrem Kinderarzt darüber. Es gibt Algenpräparate und angereicherte Öle, die sich als Nahrungsergänzung für Vegetarier eignen. Doch geben Sie solche Präparate nicht ohne ärztliche Kontrolle, denn es kann schnell zu einer Überdosierung kommen.

Eiweiß

Manche Gegner der vegetarischen Babyernährung zweifeln an, dass die Versorgung mit Eiweiß ausreicht. Aber um den für den Aufbau von Körpersubstanz so wichtigen Nährstoff müssen Sie sich wirklich nicht sorgen. Denn schaut man sich die Kritik genauer an, stellt man fest, dass sich diese Zweifel in der Regel auf die vegane, also die rein pflanzliche Ernährung beziehen. Wenn Sie Ihr Kind aber mit Milch und Ei ernähren, sind Sie absolut im grünen Bereich.

Es stimmt zwar, dass das Eiweiß aus Fleisch und Fisch eine Zusammensetzung hat, die der des Körpers sehr nahe kommt. Doch auch Pflanzen haben sehr wertvolles Eiweiß. Besonders hervorzuheben sind Hülsenfrüchte (Seite 120), die sich öfter auf den Tellern finden dürfen, wenn sie gut vertragen werden. Ein kleines Wunder ist hier die Sojaboh-

ne, deren Eiweiß noch besser als das von Fleisch ist – Tofu oder Sojamilch sind also hin und wieder gerne auf dem Teller und in der Tasse gesehen. Aber nicht zu häufig, denn die Phytoöstrogene haben auch negative Wirkungen auf die ganz Kleinen. Hierzu finden Sie auch mehr im Exkurs zu »Sojaprodukten« (Seite 134).

Wie wird Eiweiß besser aufgenommen?
Es gibt, wie so oft, auch hier noch einen Trick, wie Sie das Beste aus dem Eiweiß vegetarischer Lebensmittel herausholen. Manche Lebensmittelkombinationen schmecken nicht nur super zusammen, sondern ergänzen sich in ihrer Eiweißzusammensetzung ideal. Man spricht dann von hoher biologischer Wertigkeit. Den Referenzwert gibt Ei vor, den man mit 100 definiert. Bei manchen Kombinationen wird das pflanzliche Eiweiß dadurch besser verwertbar als das von Fleisch.

Eiweißkombinationen

Lebensmittelkombination	Biologische Wertigkeit
Ei und Kartoffel	136
Milch und Weizenmehl	126
Ei und Soja	124
Ei und Weizenmehl	118
Milch und Kartoffeln	114
Bohnen und Mais	101

Sie machen alles richtig, denn ...

... Sie legen mit Ihrem bewussten Blick auf die Ernährung Ihres Kindes den Grundstein für seine gesunde Entwicklung und seine Geschmacksprägung für sein ganzes Leben.

Vegetarisch ist gesund, auch für die Kleinsten. Das bestätigen wissenschaftliche Studien.

... Vegetarier leben länger. Diese Aussage ist in den letzten Jahren schon fast zu einem geflügelten Begriff geworden. Schließlich bestätigen einige renommierte Studien, die den Gesundheitszustand von Hunderten von Vegetariern mit dem von Nichtvegetariern über lange Zeiträume vergleichen, die gesundheitlichen Vorteile vegetarischer Ernährung. Diese Studien zeigen, dass Vegetarier gesünder leben. Sie bewegen sich im Schnitt mehr, rauchen aber weniger und trinken weniger Alkohol. Manche Kritiker führen deswegen gerne ins Feld, dass die Studienergebnisse durch die besseren gesundheitlichen Voraussetzungen verfälscht sind. Nicht die vegetarische Ernährung, sondern die allgemein gesündere Lebensweise ließe das Zünglein an der Gesundheitswaage zugunsten der Vegetarier ausschlagen.

Doch die Ergebnisse sind so eindeutig, dass Sie nicht alleine auf diese Aspekte zurückzuführen sind.

... es gibt viele gute Argumente. Viele Studien zeigen, dass vegetarisch ernährte Kinder besser versorgt sind als solche, die auch Fisch und Fleisch bekommen. Wie schön, die Wissenschaft gibt Ihnen also Recht! Sollten Sie dennoch einen leisen Zweifel haben, ob Sie sich für das Wohl Ihres Kindes entschieden haben, dann hier noch ein paar Argumente für Sie:

... Sie füttern mit Köpfchen. Mit Ihrer Entscheidung gegen (oder für sehr viel weniger) Fleisch und Fisch beweisen Sie, dass sie sich bewusst mit gesunder Ernährung auseinandersetzen. Das spricht nicht nur sehr für Sie, sondern auch für Ihr Kind, denn es wird in vieler Hinsicht davon profitieren. Sie sind in der Lage, ihm eine ausgewogene und gute Ernährung zu bieten, die weder Fisch noch Fleisch braucht. Sie

wissen, was gesunde Ernährung bedeutet, werden Ihr Kind weder mit viel Zuckerzeug noch mit fetten Knabbereien füttern und schützen es damit nicht nur vor Übergewicht, sondern beugen auch Krankheiten wie Diabetes, Herz-Kreislauf-Erkrankungen und Krebs in späteren Jahren vor.

... vegetarisch ist bunt und gesund. Ohne Fleisch und Fisch wird viel Platz auf dem Teller frei. Den füllen Sie mit leckerem Gemüse, Obst, Hülsenfrüchten, Getreide, Salat, Nüssen und Samen. Und diese Nahrungsmittel stecken voller gesunder Stoffe, die Fleisch und Fisch in dieser Bandbreite nicht besitzen. Mit einer bunten Auswahl aus dem reichhaltigen Angebot stellen Sie sicher, dass von allen notwendigen Nährstoffen genug dabei ist. Sekundäre Pflanzenstoffe aus diesen Nahrungsmittelgruppen schützen vor Infekten und anderen schädlichen äußeren Einflüssen.

... gepimpt und aufgeputscht ist nichts für Kleine. Die industriellen Methoden, die Fisch und Fleisch letztlich auf unseren Tellern landen lassen, haben Sie abgeschreckt? Auch Ihr Vertrauen in Bio-Ware ist damit angekratzt? Es stimmt ja auch –

wenn man sich die konventionelle Tierhaltung genauer anschaut, kann man diese Nahrungsmittel nicht mehr für zarte Kinderkörper geeignet halten. Schlachtvieh wird mit Hormonen rasant hochgepäppelt und die hochsensiblen Tiere mit Medikamenten wie Antibiotika prophylaktisch vor drohenden Erkrankungen geschützt. Auch Fisch aus konventioneller Aquakultur ist kaum besser dran. All diese Stoffe landen letztlich in unserer Nahrung. Sie würden gerade im Wachstum den Körper so aus dem Gleichgewicht bringen. Da ist es besser, darauf zu verzichten.

... die ersten Breie sollen Früchte tragen. Mit Ihrer Entscheidung prägen Sie die Geschmacksvorlieben Ihres Kindes für sein ganzes restliches Leben. Wenn Fisch und Fleisch nicht oder nur selten in seinen Magen finden, werden diese Nahrungsmitteln auch später keinen großen Stellenwert für Ihr Kind haben. Auch wenn es aus Neugierde davon probiert – ein exzessiver Fleischesser wird es vermutlich nie. Dafür ist es mit viel leckeren und gesunden pflanzlichen Nahrungsmitteln, Milch, Milchprodukten und Ei aufgewachsen, die es sein Leben lang zu schätzen wissen wird.

Vom Füttern zum Selberlöffeln

Spätestens mit Beginn des 7. Monats steigt Ihr Kind in die Breiphase ein. Und schon wenige Monate später darf es schon fast so essen wie die Großen!

Sie wissen jetzt, worauf Sie ganz besonders achten müssen, damit Ihr Nachwuchs gesund und quicklebendig aufwächst. Die Ausgewogenheit haben Sie in der Hand, solange Sie Ihr Kind füttern. Auch dann wird es Sie schon seine Vorlieben und Abneigungen wissen lassen, indem es den einen Brei mit Genuss futtert und den anderen einfach »bäh« findet. Zwingen Sie Ihrem Kind nichts auf, aber achten Sie darauf, es an möglichst vielen verschiedenen Geschmackserlebnissen teilhaben zu lassen. So geben Sie ihm die Gelegenheit, immer wieder Neues zu entdecken und dabei mit allen Nährstoffen bestens versorgt zu sein. Je einseitiger sich ein Kind ernährt, desto eher kann es zu Nährstoffengpässen kommen. Gerade bei vegetarischer Ernährung ist die Abwechslung sehr wichtig. Lassen Sie also keine Langeweile aufkommen!

Das Löffel-Abenteuer beginnt

Beginnen können Sie mit der Beifütterung schon mit dem 5. Lebensmonat, früher ist es nicht förderlich und auf keinen Fall notwendig. Ihr Baby ist in seiner Entwicklung noch nicht soweit, die angebotene Nahrung zu verarbeiten und würde sie wahrscheinlich ohnehin reflexartig wieder ausspucken. Lassen Sie sich nicht davon irritieren, dass manche Hersteller von Gläschenkost auch Gläschen »ab dem 4. Monat« anbieten. Diese Kennzeichnung ist irreführend. Ihr Baby braucht das auf keinen Fall, denn es ist bis zum Ende des 6. Monats durch die Muttermilch oder auch durch entsprechende Säuglingsanfangsnahrung bestens versorgt.

Spätestens zu Beginn des 7. Monats starten Sie mit dem ersten Brei. Lassen Sie

wie es für Eltern und Kind am entspann-
testen ist.

Damit Ihr Baby die Löffelei kennenlernt,
bieten Sie ihm zunächst nur ein püriertes
Gemüse an – das ist meistens Möhre,
Pastinake, Süßkartoffel oder Kürbis – und
behalten Sie dieses Gemüse eine Woche
lang bei. Keine Sorge, Ihrem Baby wird
bestimmt nicht langweilig. Es braucht ein
paar Tage, um die neue Geschmacksinfor-
mation überhaupt zu verarbeiten. Lassen
Sie ihm die Zeit und führen Sie neue
Geschmäcker anfangs nur wochenweise
ein, später können Sie öfter wechseln.

Ihr Kind und Ihre Intuition entscheiden,
wann Sie gemeinsam ins Breiabenteuer
starten wollen. Mit kleinen Signalen
weist es Sie darauf hin: Es nimmt seine
Finger und alles mögliche andere in
den Mund, es beobachtet Sie besonders
interessiert beim Essen, ahmt vielleicht
Ihre Essensbewegungen nach, weist auf
Ihr Essen oder greift sogar danach. Jetzt
muss der erste Brei her! Wenn die ersten
Zähnchen da sind, entdeckt es seine Lust
am Beißen und Kauen – dann ist schon
bald festere Nahrung angesagt.

Die erste Breimahlzeit

In der Regel fängt man mit der Mittagsmahlzeit an, weil das Baby dann am
ausgeschlafensten ist. Lässt es Ihr Alltag
nicht zu, können Sie auch am Abend mit
dem Brei starten. Hauptsache, Sie bauen
die erste Mahlzeit so in Ihren Alltag ein,

1. Der Gemüse-Kartoffel-Getreide-Brei

Wenn Ihr Baby nach ein paar Tagen mit
dem Löffeln zurechtkommt, ersetzen Sie
das reine Gemüse durch einen gehalt-
volleren Brei, der viele nun wichtige
Nährstoffe und Kalorien mitbringt, die
Ihr Baby jetzt braucht.

Nach den Regeln der Fachgesellschaften
für die optimierte Mischkost würde jetzt
als Erstes ein Gemüse-Kartoffel-Fleisch-
Brei auf dem Plan stehen, der besonders
viel Eisen liefert. Für die gute Versorgung
mit Jod, Vitamin D und Omega-3-Fett-
säuren würde das Fleisch ab dem 7.
Monat einmal wöchentlich durch Fisch
ersetzt werden. Im ersten Brei werden
übrigens weder Milch noch Milchprodukte verwendet, da sie die Verfügbarkeit von Eisen hemmen.

An dieser Stelle können Sie guten Gewissens von den althergebrachten Regeln abweichen, weil Sie jetzt wissen, dass es auch anders geht. Für alle kleinen Vegetarier hat das Institut für Kinderernährung eine Alternative entwickelt: den Gemüse-Kartoffel-Getreide-Brei. Das Institut bewertet zwar die Gabe eines gewissen Fleischanteils fünfmal in der Woche als optimal und versteht die vegetarische Alternative nur als zweite Wahl, bestätigt aber andererseits auch, dass Babys mit diesem Grundrezept für die Mittagsmahlzeit zusammen mit den üblichen Rezepten für alle anderen Mahlzeiten mit allen Nährstoffen gut versorgt werden. Na bitte, was spricht dann dagegen?

Omega-3-Fettsäuren werden durch Rapsöl oder eine anderes geeignetes Öl beigesteuert. Mit Haferflocken bekommt das Baby eine gute Eisenportion, dessen Verfügbarkeit durch Zugabe von Obst(-saft) verbessert wird. Später können Sie sie auch durch Hirseflocken oder Flocken aus anderem eisenhaltigen Getreide ersetzen. Doch wechseln Sie die Getreideauswahl immer wieder ab. Ab dem 10. Monat darf dem Brei auch etwas Ei zugefügt werden. Achten Sie auch darauf, häufig Gemüse mit hohem Eisengehalt (Seite 15) zu verwenden und Vitamin C (Seite 14) dazuzugeben.

2. Der Milch-Getreide-Brei

Einen Monat, nachdem Sie den ersten Brei eingeführt haben, also zu Beginn des

Ei im Brei

Eier sind eine gute Quelle für Docosahexaensäure, einer Omega-3-Fettsäure, die aus Alpha-Linolensäure entsteht. Es spricht nichts dagegen, in die Babygerichte hin und wieder ein Eigelb zu integrieren. Es muss aber wegen der Salmonellengefahr auf jeden Fall gut durcherhitzt werden. Rohes Ei darf nicht gefüttert werden. Ab dem 10. Monat dürfen Sie Ihrem Kind hin und wieder gegartes Ei oder Eigelb geben, ob in Gebäck oder anderen Gerichten oder in hart gekochter Form.

6. oder spätestens des 8. Monats, steht die nächste größere kulinarische Entdeckung für Ihr Baby an. Denn jetzt wird am Abend ein zweiter Brei eingeführt.

Nun bekommt Ihr Kind Nährstoffe von Milch und weiterem Getreide. Durch Milch und Milchprodukte wird die Verfügbarkeit von Zink aus dem Getreide erhöht. Verwenden Sie Vollmilch und keine fettreduzierte Milch, denn das Baby braucht jetzt etwas mehr Fett. Nach neueren Erkenntnissen ist Kuhmilch auch für Kinder, bei denen Allergien in der Familie vorkommen, die beste Milch. Doch Rohmilch und Vorzugsmilch, die nicht hitzebehandelt sind und damit zu stark mit Keimen belastet sein könnten, gehören weder in die Flasche noch in den Brei. Auf Quark, Quarkspeisen, Joghurt und Käse verzichten Sie in der Breiphase besser, denn diese Produkte sind für die noch nicht ausgereiften Nieren von Babys viel zu eiweißreich. Entsprechende Fertigprodukte für Kinder, die auf Quark-basis sind und ab dem 7. Lebensmonat geeignet sein sollen, sind überflüssig.

Süß oder nicht süß?

Breie fürs Baby müssen, ja sollten nicht gesüßt werden. Die Süße aus der Milch reicht den Kleinen aus. Fertige Breie auf Pulverbasis sind zwar mit wichtigen Nährstoffen angereichert und genau auf den Bedarf des Babys abgestimmt. Aller-dings enthalten sie nicht selten leider

auch Zucker in großen Mengen. Wenn Sie fertige Mischungen kaufen, dann achten Sie auf einen geringen oder besser noch gar nicht vorhandenen Zuckergehalt und darauf, dass diese Milch bzw. Milchpul-ver und Vollkorngetreide enthalten, die möglichst eisenreich sind.

3. Der Getreide-Obst-Brei

Wieder ist ein spannender Monat vergan-gen, in dem Ihr Nachwuchs verschiedene Lebensmittel kennengelernt hat. Allmäh-lich, also zu Beginn des 7. oder spätestens des 9. Monats, führen Sie als 3. Mahlzeit am Nachmittag einen Getreide-Obst-Brei ein und ersetzen die Stillmahlzeit damit. Nun bekommt Ihr Kind auch größere Mengen an Obst, das es mit vielen Mine-ralstoffen und Vitaminen versorgt und ihm neue Geschmackserlebnisse bietet.

… oder doch lieber etwas Fleisch und Fisch?

Wenn Sie trotz aller guten Nachrichten unsicher sind und lieber nicht ganz auf Fleisch und Fisch verzichten möchten, dann ersetzen Sie den Gemüse-Kartof-fel-Getreide-Brei ein- oder zweimal wöchentlich durch den herkömmli-cherweise empfohlenen Gemüse-Kar-toffel-Fleisch-Brei. Schneiden Sie 100 g geschältes Gemüse, 50 g geschälte Kartoffeln und 30 g mageres Fleisch klein (Rind, Geflügel, Schwein oder Lamm) und garen Sie alles zusammen

10 Min. in etwas Wasser. Zusammen mit 1 EL Rapsöl und 3 ½ EL Obstsaft pürieren – fertig.
Pro Woche werden 20–30 g Fisch empfohlen – eine Menge, die Sie mit einer wöchentlichen Mahlzeit abde-cken können. Die Zubereitung ist mit der von Gemüse-Kartoffel-Fleisch-Brei identisch. Wählen Sie Bio-Fisch aus kontrollierten Aquakulturen oder aus nachhaltigem Fischfang. Es eignen sich Sorten wie Lachs und Makrele.

Kritikern gekonnt kontern

Skeptiker, die Fleisch und Fisch gerade für kleine Kinder unbedingt für notwendig halten, gibt es viele. Entwaffnen Sie sie mit sachlich fundierten Argumenten.

Ob Eisen oder Eiweiß: Sie selbst wissen, dass alle Nährstoffe aus Fleisch und Fisch auch in vegetarischen Lebensmitteln vorhanden sind und durch geschicktes Kombinieren alles bieten, was Ihr Kind braucht. Die häufigsten Kritikpunkte und die knackigsten Antworten finden Sie hier:

Babys und Kleinkinder brauchen viel Eisen. Das geht nicht ohne Fleisch.
Es gibt viele eisenreiche Gemüse, Getreide und Hülsenfrüchte, die für die vegetarische Ernährung eine wichtige Basis bilden. Zwar ist die Verfügbarkeit des pflanzlichen Eisens niedriger als die in Fleisch, aber durch die gleichzeitige Gabe von Vitamin-C-haltigen Lebensmitteln lässt sie sich deutlich verbessern – und damit ist die ausreichende Versorgung gewährleistet.

Nur Fleisch hat genug Eiweiß, das Kinder für ihr Wachstum dringend brauchen.
Keineswegs! Auch pflanzliche Lebensmittel, Milch und Ei besitzen genug davon.

Wenn man sie geschickt zusammenstellt, kann ihr Eiweiß sogar noch besser als das von Fleisch aufgenommen werden. Dass tierisches Eiweiß für den Muskelaufbau gebraucht wird, ist ein längst überholtes Ammenmärchen. Das beweisen viele sehr erfolgreiche Kraftsportler, die vegan leben. Sie üben damit einen Sport aus, für den Eiweiß wie ein Treibstoff wirkt.

Vegetarisch ernährte Babys und Kleinkinder leiden unweigerlich unter einem gefährlichen Vitamin-B_{12}-Mangel. Diese Überzeugung ist aufgrund von Unwissenheit über die verschiedenen vegetarischen Ernährungsformen weit verbreitet. Die Gefahr eines Mangels trifft aber nur auf vegan ernährte Kinder zu, und hier muss man genau unterscheiden: Bei dieser sehr konsequenten Form wird nicht nur auf Fisch und Fleisch, sondern auf sämtliche tierische Erzeugnisse verzichtet, also auch auf Milchprodukte und Eier. Da Vitamin B_{12} aber nur in tierischen Produkten in er-

wähnenswerten Mengen vorkommt, muss es zwangsläufig irgendwann zu einem Mangel kommen. Was wir gemeinhin unter »vegetarisch« verstehen, ist aber in der Regel der Ovo-Lakto-Vegetarismus. Diese Veggies essen sowohl Milchprodukte als auch Ei und bekommen damit genug des wichtigen Vitamins B_{12}.

Ohne Fleischersatz auf Sojabasis geht es nicht. Sojaprodukte sind auf keinen Fall nötig, um Fleisch oder Fisch zu imitieren oder um vermeintliche Nährstoffdefizite auszugleichen. Im Gegenteil, Sojaprodukte haben wegen der hormonähnlichen Pflanzenstoffe auch Nachteile für den heranwachsenden Körper und sollten deshalb nicht zu häufig gegessen werden.

Unter anderen Kindern wird das Kind schnell zum Außenseiter. Wenn dem Kind vegetarisches Essen auch zu Hause vorgelebt wird, sich also auch die Eltern vegetarisch ernähren, fällt es dem Kind leichter,

auch in der Kita oder anderswo kein Fleisch und keinen Fisch zu essen. Es kennt so etwas ja gar nicht. Und wenn es neugierig ist, ist es ihm nicht verboten, Fleisch und Fisch zu probieren. Verbote machen das Verbotene nur begehrenswerter.

Es ist bisher viel zu wenig untersucht, wie sich die vegetarische Ernährung von Anfang an auswirkt. Leider gibt es tatsächlich kaum Untersuchungen zur vegetarischen Baby- und Kleinkindernährung. Die Erfahrungen aus Untersuchungen an Erwachsenen, die die positiven Auswirkungen zeigen, lassen sich aber auf die Kinder herunterbrechen. Und diese sagen: Vegetarisch ist gesünder! Selbst wenn der Bedarf an manchen Nährstoffen bei Kindern im Vergleich zu Erwachsenen höher ist, geht es im Wesentlichen nur um ein Rechenexempel: Liefern die ausgewählten vegetarischen Nahrungsmittel alle relevanten Nährstoffe, dann kann nichts verkehrt daran sein.

Verwenden Sie für jeden Brei nur eine Getreide- und eine Obstsorte, das reicht Ihrem Baby an neuen Geschmacksinformationen. Wechseln Sie aber Getreide und Obst immer mal wieder von Mahlzeit zu Mahlzeit aus, dabei reichen drei Sorten Obst für die ausgewogene Nährstoffzufuhr und gegen Langeweile. Gut verträglich und gut geeignet sind: Apfel, Birne, Banane, Pfirsich, Aprikose und Nektarine. Wenn Sie bei Himbeeren die kleinen Kerne aussieben, sind sie ebenfalls gut geeignet. Verzichten Sie aber auf stark säurehaltige Sorten wie Johannisbeeren, Stachelbeeren und Erdbeeren, sie könnten zum Wundwerden führen.

Stückchen im Brei

Was denn nun – ist das Brei oder was zu beißen? Brei mit ganzen Stückchen bedeutet für viele Kinder anfangs eine Überforderung. Feinpüriertes muss nur geschluckt werden, aber was macht man bloß mit den ganzen Stücken? Wie von selbst befördert die kleine Zunge diese bei vielen Babys wieder aus dem Mund heraus. Wenn Brei und Stückchen zusammenkommen, weiß das Baby oft nicht, wie es mit den verschiedenen Konsistenzen umgehen soll. Es ist gar nicht so leicht, die Stückchen mit der Zunge im Mund an die richtige Stelle zu bugsieren und sie mit den Kauleisten zu zerkleinern. Das Essen ganzer Stückchen muss erst gelernt werden. Kein Grund für Sie, zu verzweifeln: Wenn es anfangs nicht klappt, pürieren Sie den Brei weiterhin ganz oder geben stattdessen nur noch weiche Stückchen, die aber nicht mit Brei vermischt sind. Und starten Sie einen neuen Versuch in ein paar Tagen oder Wochen.

Erste Getränke

Sobald Ihr Kind drei Breie am Tag isst, bieten Sie ihm zusätzlich noch Getränke an, denn dann reicht die Muttermilch für die Flüssigkeitsversorgung nicht mehr aus. Mit Wasser oder ungesüßten Kräuter- oder Früchtetees ist Ihr Kind absolut zufrieden und es braucht auch nichts anderes. Gesüßte Säfte sind nichts für Babys, auch spezielle Kindersäfte sind in der Regel zu süß. Ein Obstsaft oder eine Schorle als Vitamin-C-haltiges Getränk nach einer Breimahlzeit ist aber in Ordnung und erhöht die Eisenaufnahme aus der Mahlzeit. Aber geben Sie Ihrem Baby diese Getränke nicht über den Tag verteilt, denn sie sind Kariesverursacher und haben viele Kalorien.

4. Übergang ins Familienessen

Wieder einen Monat später, ab dem 9. Monat oder spätestens ab dem 11. Monat, kann Babys erster Brei, der Gemüse-Kartoffel-Getreide-Brei, allmählich durch das Familienessen ersetzt werden. Ein Fest für Ihr Kind: Nun darf es endlich erste Gerichte mit Ihnen zusammen essen!

Auch die anderen Mahlzeiten werden jetzt ersetzt: Zum Frühstück oder Abendessen bekommt es dünn mit Butter bestrichenes Brot und dazu eine Tasse

Mandelmus

Mandelmus schmeckt lecker und ist eine tolle Ergänzung für Breie. Wählen sie weißes Mandelmus aus geschälten Mandeln. Sie bekommen es in Bioläden und Reformhäusern. Es ist zwar noch teurer als das braune, aber mehr als einen Teelöffel brauchen Sie nicht für eine Breimahlzeit. So reicht ein Glas dann für eine ganze Weile. Sie ergänzen den Obst-Getreide-Brei dadurch mit viel Eisen und Kalzium. Gerade für Babys, die ein bisschen Gewicht zulegen sollen, ist das kalorienreiche Mus ideal.

Milch oder aber Sie stillen weiterhin zu einer der beiden Mahlzeiten. Als Frühstück eignet sich auch ein selbst gemachtes Müsli, das nur wenig oder besser gar keinen Zucker enthält. Das Brot können sie dünn belegen, aber achten Sie darauf, dass der Belag weder zu salzig noch zu würzig ist. Am Anfang eignen sich zerdrückte Banane, zerdrückte Salatgurke und Mandelmus, später auch milde Aufstriche, Frisch-, Weich- und Hartkäse. Achten Sie auf den Salzgehalt, manche Frischkäsesorten sind wegen des hohen Salzgehalts ungeeignet. Den Getreide-Obst-Brei ersetzen Sie durch eine Zwischenmahlzeit aus etwas Obst oder auch Brot. Geben Sie Ihrem Kind zu jeder Mahlzeit etwas zu trinken und sorgen Sie auch zwischendurch für eine ausreichende Flüssigkeitszufuhr.

Nach wenigen Monaten isst Ihr Kind schon immer selbstständiger bei Ihnen mit. Zuvor mussten Sie es noch viel füttern, aber mit einem oder anderthalb Lebensjahren kann es schon alleine löffeln. Lassen Sie Ihr Kind selbstständig erforschen, was ihm schmeckt, bieten Sie ihm in dieser Zeit viel Fingerfood an. Nach anderthalb Lebensjahren sind die meisten Kinder in der Lage, alleine zu essen.

Womit kleine Selber-Esser langsam beginnen können

Die Portionen für Ihr Kind sollten anfangs nur ganz leicht oder sogar noch gar nicht gesalzen sein. Wenn Sie ihm neue geschmackliche Reize bieten wollen, fangen Sie mit frischen oder getrockneten Kräutern an und schwenken Sie nach und nach auf Gewürze um. Zu Fettiges, zu Scharfes und stark Gebratenes sind noch nicht gut verträglich für den immer noch kleinen Organismus.

Von rohen tierischen Lebensmitteln wird wegen der Gefahr einer bakteriellen Verunreinigung abgeraten. Für Vegetarier sind das in erste Linie Rohmilch und Rohmilchkäse. Wegen der Gefahr des Verschluckens warten Sie mit kleinen, harten Lebensmitteln und sehr trockenem Gebäck noch – also weder kleine Samen noch trockene Kekse geben.

Ansonsten ist erlaubt, was dem (angehenden) Kleinkind gefällt. Selbst sehr aromaintensive Lebensmittel wie Oliven und exotische Gewürze kommen bei kleinen Kindern manchmal gut an. Es spricht nichts dagegen, wenn sie es mögen. Lassen Sie Ihr Kind selbstständig entdecken, was ihm zusagt.

Fäustchen-Food statt Breigelöffel

Das Prinzip des Baby Led Weanings geht davon aus, dass Babys schon früh mit festen Nahrungsmitteln umgehen und selbstständig essen können. Möglich ist das, sobald die Kleinen aufrecht sitzen können – Zähnchen müssen sie noch nicht haben – und das Essen selbstständig im Fäustchen halten können (den Pinzettengriff mit Daumen und Zeigefinger lernen sie erst mit etwa acht Monaten). Am Anfang lutschen sie eher

an der Nahrung und schlucken nur sehr wenig davon. Deshalb werden sie außerdem noch gestillt oder mit der Flasche gefüttert, damit sie trotzdem gesättigt sind und alle notwendigen Nährstoffe bekommen.

Die Entdecker- und Experimentierfreude der Babys sorgt dafür, dass sie eine große Bandbreite an Lebensmitteln ausprobieren. Die Gefahr des Verschluckens ist weniger gegeben als man meint, weil die Kleinen selbst kontrollieren, was in den Mund kommt. Nachteil: Der weitaus größte Teil des Essens landet nicht in Babys Magen, sondern verteilt sich großzügig auf und unter dem Tisch.

Wer das nicht scheut, für den kann das eine schöne Alternative zum oder auch ein Zusatzangebot neben dem Brei sein. Für Unsichere gibt der normale Brei-

Kleine Bastler

Fast alle Kinder machen frühzeitig eine manische Sortierphase durch: Eine Zeit lang wird alles säuberlich getrennt und darf auf keinen Fall zusammen in den Mund. Nudeln ohne Sauce, Salat ohne Dressing und Reis ohne Erbsen: Vielleicht sind die Kleinen von der Geschmacksvielfalt überfordert. Lassen Sie es zu und machen Sie sich keine Sorgen. Es geht auch wieder vorbei. Viele Kinder sind hartnäckig, wenn

es darum geht, nur den Brotbelag zu verputzen. Sogar Aufstriche werden geduldig heruntergeleckt. Dabei sind die Nährstoffe aus dem Getreide wichtig für Ihr Kind. Geben Sie ihm das Brot mit dem Belag stückchenweise und bieten Sie ihm erst dann das nächste Stück an, wenn das erste aufgegessen ist. Frisch- und Weichkäse sowie Aufstriche drücken Sie so fest wie möglich auf das Brot.

fahrplan eine grobe Orientierung, zu welchem Zeitpunkt welche Lebensmittel am besten eingeführt werden. Das Konzept sieht aber nicht vor, nach einem festen Schema vorzugehen. Bis auf die Lebensmittel, die im ersten Jahr noch nicht für Kinder geeignet sind, wird von Beginn an alles angeboten, was die kleinen Fäustchen halten können, der Gaumen zerdrücken kann und was keine Gefahr des Verschluckens birgt: weich gekochte Kartoffeln und Gemüse, Bananen, geschälte Pfirsiche, Nektarinen, Birnen und entkernte Melonen. Auch festere Breie, die das Baby selbst mit dem Löffel zum Mund führen kann, Brotstückchen und salzarmes Gebäck mit Aufstrichen sowie gekochte Nudeln sind geeignet: Schon sehr früh ist vieles möglich und bekömmlich fürs Kind.

Einige Ideen für feste Nahrung finden Sie im Rezeptteil »Fäustchen-Food« (Seite 76).

Vorbild am Tisch

Kinder lernen durch Nachahmung, deshalb machen Sie sich bewusst, dass Sie für Ihr Kind auch beim Essen eine Vorbildfunktion haben. Bringen Sie deshalb weder Fleisch noch Fisch auf den Tisch, wenn Ihr Kind mitisst, und tischen Sie zum Abendbrot oder Frühstück keine Wurst auf, auch wenn Sie selber gerne davon essen würden. Es ist für Ihr Kind nicht zu verstehen, wenn Sie sich selbst eine »Extrawurst« gönnen, die Sie ihm selbst aber vorenthalten. Diese Lebensmittel wird es dann selbstverständlich umso neugieriger ausprobieren wollen. Gönnen Sie sich solche Mahlzeiten nur dann, wenn Ihr Kind nicht in der Nähe ist. Einfacher wird es natürlich, gar nicht erst in die Versuchung zu kommen, weil Sie selber Vegetarier sind.

Manche Eltern bereiten sich nach dem abendlichen gemeinsamen Essen noch ein »Erwachsenenessen« zu, wenn ihr Kind schon im Bett ist. Es muss sicher nicht jeden Abend sein, denn natürlich macht es mehr Arbeit, ein zweites Essen zuzubereiten. Andererseits gibt es den Eltern auch die eher seltene Gelegenheit, den Abend in entspannter Zweisamkeit zu genießen.

Vegane Ernährung für Babys und Kleinkinder – geht das?

Hier reicht die geschickte Auswahl von Lebensmitteln nicht mehr aus, um gut versorgt zu werden. Aber mit Nahrungsergänzungsmitteln ist auch eine rein pflanzliche Ernährung möglich.

Veganer verzichten nicht nur auf Fleisch und Fisch, sondern auch auf Milch und ihre Produkte sowie auf Eier, die allesamt wichtige Nährstoffe liefern. Alle Fachgesellschaften raten deshalb grundsätzlich von einer rein veganen Baby- und Kleinkindernährung ab.

Das heißt aber nicht, dass es unmöglich wäre, gesund und gleichzeitig vegan heranzuwachsen. Doch es geht auf keinen Fall ohne die zusätzliche Zufuhr von bestimmten Nährstoffen über Nahrungsergänzungsmittel, dessen muss man sich bewusst sein. Dies gilt für Babys und Kleinkinder erst recht, denn der Bedarf an vielen Nährstoffen ist in dieser extremen Wachstums- und Entwicklungsphase stark erhöht. Wenn Sie diesen Bedarf mit zusätzlichen Präparaten ausgleichen, die die Nahrung selbst nicht bietet, gibt es wenig Argumente gegen eine reine pflanzliche Ernährung für die Kleinsten. Informieren Sie sich sehr genau, was Ihr Kind braucht.

Worauf müssen Sie besonders achten?

Heikel ist das Vitamin B_{12}, das in pflanzlicher Kost nicht in erwähnenswerten Mengen vorkommt. Dieses Vitamin spielt eine große Rolle bei der Zellteilung, also beim Wachstum, und bei der Entwicklung der Nerven. Bei Mangel kommt es zu Wachstums- und Entwicklungsverzögerungen. Babys haben bei der Geburt nur sehr geringe Speicher des Vitamins angelegt, werden aber anfangs durch die Muttermilch gut versorgt, sofern es die Mutter auch ist.

Sobald die ersten Breie dazukommen, gibt es keine andere Möglichkeit, als das fehlende Vitamin durch künstliche Präparate zu ersetzen. Für abgestillte Babys gilt eine tägliche Menge von 0,8 µg Vitamin-B_{12}-Präparat. Vitamin B_{12} müssen Veganer ein Leben lang ersetzen. Es gibt auch damit angereicherte Lebensmittel wie Hefepräparate, Sojamilch oder Frühstückszerealien, die teilweise für Kleinkinder geeignet sein können.

Oft wird auch Eisen als problematisch angesehen, doch hier gelten die gleichen Regeln wie für vegetarisch ernährte Babys und Kleinkinder: Mit besonders eisenhaltigem Gemüse, Hülsenfrüchten und Getreide in der Kombination mit Vitamin C sollte die Versorgung gesichert sein.

Ohne Milch und Milchprodukte kann es dagegen auch an Kalzium mangeln. Selbst die gesamte Energiezufuhr und das Eiweiß können knapp werden, denn pflanzliche Lebensmittel haben häufig eine geringere Nährstoffdichte als tierische.

Machen Sie sich Ihre Verantwortung bewusst: Entwicklungsstörungen, die durch einen Nährstoffmangel entstehen, können nie wieder aufgeholt werden. Wollen Sie Ihr Kleines vegan aufwachsen lassen, dann stellen Sie die gute Versorgung mit allen notwendigen Nährstoffen an erste Stelle. Wo es nicht alleine über die geschickte Lebensmittelkombination geht, scheuen Sie sich auf keinen Fall, die notwendigen Nährstoffe durch Nahrungsergänzung zu ersetzen, weil sie diese für unnatürlich und daher ungesund halten. Das sind sie ganz und gar nicht. Was die rein pflanzliche Ernährung nicht bietet, muss auf diese Weise ausgeglichen werden. Wenn Sie sich für eine rein pflanzliche Ernährung entschieden, besprechen Sie dies ausführlich mit dem Kinderarzt.

Praxistipps für vegan ernährte Babys und Kleinkinder

So können Sie einen Mangel an Nährstoffen bei veganer Ernährung ausgleichen:

Vitamin B_{12}:
- angereicherte Nahrungsmittel wie spezielle Margarine
- salzarme Hefeextrakte
- Sojamilch
- entsprechende Fertigprodukte für Kleinkinder
- Vitamin-B_{12}-Präparate

Energie:
- dicker Getreidebrei statt dünne Breie
- pflanzliches Öl zugeben
- vor den Mahlzeiten nicht zu viel trinken
- Brot mit Margarine (evtl. angereichert mit den Vitaminen D und B_{12})
- Tahin, Erdnussbutter, Mandelmus oder Nussmuse
- gegarte und zerdrückte Hülsenfrüchte
- Avocados
- Bananen

Kalzium:
- schwarze Melasse
- mit Kalziumsulfat hergestellter Tofu
- grünes Blattgemüse (außer Spinat)
- angereicherte Sojamilch
- Tahin

Eiweiß (Seite 23) und Eisen (Seite 11) wie bei vegetarischer Ernährung.

Breie kochen und bevorraten

Vegetarische Babybreie kochen ist nicht schwer. Ein paar Tricks erleichtern Ihnen das Kochen der Breie und die Vorratshaltung und helfen Ihnen, Zeit zu sparen.

Beim Kochen von Breien gibt es ein paar wenige Dinge zu beachten, damit die empfindlichen Vitamine möglichst gut erhalten bleiben. Das Prinzip ist immer gleich: Gemüse und andere Zutaten werden klein geschnitten, gegart, gemischt und püriert. Fertig.

Weil viele Vitamine durch Hitze, Licht und Luft zerstört werden können, müssen Sie behutsam mit ihnen umgehen. Deshalb das Gemüse erst kurz vor dem Garen putzen bzw. waschen – nicht in stehendem, sondern unter fließendem Wasser. Dann in nicht zu feine Stücke schneiden und in so wenig Wasser wie möglich und im geschlossenen Topf garen, denn die Vitamine gehen ins Kochwasser über. Am besten ist es, wenn am Ende kein Wasser weggeschüttet werden muss. Nur so lange kochen, bis das Gemüse gerade weich ist.

Breie einfrieren

Gerade beim ersten Brei, dem Gemüse-Kartoffel-Getreide-Brei, macht es Sinn, ein wenig Vorrat anzulegen. Die darauf folgenden Breie sind so einfach und schnell zu machen, dass sich das Einfrieren kaum lohnt. Das Kochen mehrerer Portionen ist kaum aufwendiger, spart Ihnen später aber viel Zeit. In den Rezepten für den Mittagsbrei sind jeweils Zutaten für eine und für fünf Portionen angeben. Da sich die eingefrorenen Breie mindestens zwei Monate in der Gefriertruhe halten, können Sie natürlich auch noch größere Mengen des Lieblingsbreis einfrieren. Es ist nicht schwer, die Zutenmengen einfach hochzurechnen.

Als Vorratsgefäße eignen sich kleine Plastikdöschen, die Sie speziell für Babybreie kaufen können, aber auch Eiswürfelbe-

schrank. So taut der Brei langsam auf. Wenn es schnell gehen soll, können Sie den Brei auch in der Mikrowelle auftauen lassen. Stellen Sie den Brei aber nicht in die pralle Sonnenhitze, denn dann ist die Gefahr der Verkeimung gegeben.

Breie erwärmen

Den bereits aufgetauten Brei müssen Sie am nächsten Tag dann nur noch erwärmen. Das geht im Wasserbad oder direkt im Topf. Bei Gläsern eignet sich auch der Fläschchenwärmer – allerdings nur, wenn der Brei schon vollständig aufgetaut ist. Breie können auch in der Mikrowelle erwärmt werden, dann aber danach noch gründlich umrühren. In der Mikrowelle entstehen schnell Hitzeinseln. Durch das Rühren verteilen Sie die Hitze gleichmäßig.

Breie nicht warm halten!

Breie sollten Sie nicht warm halten und Breireste nicht wieder erwärmen. In beiden Fällen ist die Gefahr einer Keimbelastung zu hoch.

Muss es Bio sein?

Machen Sie sich bewusst, dass Kinder umso empfindlicher auf Schadstoffe reagieren, je kleiner sie sind. Für die Kleinsten muss es vom Feinsten sein! Da liegt es nahe, die Wahl zugunsten von

hälter. Nach dem portionsweisen Einfrieren füllen Sie die Würfel in Gefrierbeutel um. Viele Eltern benutzen aber auch gerne gebrauchte und gut gereinigte Babygläschen, die es mit verschiedenen Füllmengen, angepasst an den Mengenbedarf im jeweiligen Lebensmonat, gibt. Das verschafft einen guten Überblick über die angemessene Portionsgröße. Allerdings kann es bei Gläschen passieren, dass sie beim Einfrieren platzen. Solche Gläschen müssen Sie wegen möglicher Glassplitter selbstverständlich entsorgen. Der gekochte Brei wird noch heiß in die Behälter gefüllt und erst in die Gefriertruhe gestellt, wenn er abgekühlt ist.

Breie auftauen

Zum Auftauen holen Sie den Behälter am besten schon am Vorabend aus der Gefriertruhe und stellen ihn in den Kühl-

biologisch angebauten Lebensmitteln zu fällen, denn sie gelten als gesünder und weniger mit Schadstoffen belastet. Aber stimmt das? Ist Bio wirklich besser und lohnt es sich, dafür mehr Geld auszugeben? Immer wieder hört man von Studien, die Bio-Lebensmittel keinen besseren Gesundheitswert attestieren als herkömmlich erzeugten. In solchen Studien wird oft der Gehalt an Mineralstoffen, Vitaminen und anderen wichtigen Nährstoffen verglichen und manchmal zeigen sich zwischen Bio und Nicht-Bio nur minimale Unterschiede. Die Schlussfolgerung ist dann schnell: Bio ist nicht besser.

Bio ist besser

Andere Studien können in den aus biologischem Anbau stammenden Lebensmitteln durchaus mehr gesunde Inhaltsstoffe nachweisen. Und solche, die auch Umweltbelastungen unter die Lupe nehmen, beweisen, dass Bio die Nase vorn hat: Die Belastung an Pestiziden, Schwermetallen und Nitrat liegt bei biologisch erzeugtem Gemüse, Obst, Milch und Getreide im Schnitt unter der von konventionell Erzeugtem, denn im Bio-Anbau ist der Einsatz von Pestiziden, Antibiotika und anderen schädlichen Stoffen, die sich in den Nahrungsmitteln anreichern, in der Regel verboten.

Selbstverständlich werden auch konventionell erzeugte Lebensmittel bei uns streng auf Schadstoffe kontrolliert und

Hinweis zu den Rezepten

Breie sind jeweils für eine Portion angegeben, beim Mittagsbrei alternativ auch fünf Portionen zur Bevorratung. Je nach Alter und entsprechendem Appetit des Kindes reichen die Mengen für die ersten Familiengerichte in der Regel für 2–3 Portionen. Sie wissen am besten, wie viel Ihr Kind bei der Familienmahlzeit mitisst.

dürfen nur in den Handel kommen, wenn ihre Belastung unter den Grenzwerten liegt. Aber Ihrem Kind zuliebe sollten Sie weniger mehr sein lassen: weniger Schadstoffe – mehr Gesundheit. Auch in fertiger Gläschenkost werden Sie fast immer Bio-Gemüse finden, denn in Gemüse aus konventionellem Anbau übersteigt der Nitratgehalt häufig die festgelegten Höchstwerte für Babykost.

Ist Bio zu teuer?

Ihnen liegt die Gesundheit Ihres Babys am Herzen, da sollten die etwas höheren Kosten für Lebensmittel aus biologischem Anbau doch kein Problem sein. Bedenken Sie auch, dass sich die Mengen, die Sie für Ihr Kind kochen, in Grenzen halten und damit auch die Kosten. Auf Wochenmärkten bekommen Sie frisches Obst und Gemüse aus biologischem Anbau oft direkt vom Erzeuger und können so Geld sparen.

Wann kommt welcher Veggie-Brei?

Stufe	Frühstück	Mittagessen	Zwischenmahl-zeit	Abendessen
1: Beginn 5. bis spätestens 7. Monat	Muttermilch/ Flaschenmilch	erste Tage: reiner Gemü-sebrei zum Angewöhnen, dann Gemüse-Kartoffel-Getreide-Brei (Seite 46)	Muttermilch/ Flaschenmilch	Muttermilch/ Flaschenmilch
2: Beginn 6. bis spätestens 8. Monat	Muttermilch/ Flaschenmilch (auch stattdes-sen abends möglich)	Gemüse-Kartoffel-Getreide-Brei (Seite 46)	Muttermilch/ Flaschenmilch	Milch-Getreide-Brei (Seite 60) (auch stattdes-sen morgens möglich)
3: Beginn 7. bis spätestens 9. Monat	Muttermilch/ Flaschenmilch (auch stattdes-sen abends möglich)	Gemüse-Kartoffel-Getreide-Brei (Seite 46), nun auch in Stückchen	Getreide-Obst-Brei (Seite 66)	Milch-Getreide-Brei (Seite 60) (auch stattdes-sen morgens möglich)
4: Beginn 9. bis spätestens 11. Monat	Muttermilch/ Flaschenmilch (auch stattdes-sen abends möglich)	Mittagessen fast wie die Großen	Getreide-Obst-Brei (Seite 66)	Milch-Getreide-Brei (Seite 60) (auch stattdes-sen morgens möglich)
Beginn 2. Lebensjahr	Brot mit Butter und dünnem Belag, Milch	Mittagessen fast wie die Großen	Obst	Brot mit Butter und dünnem Belag, Milch

Vegetarisch gut versorgt durch die Woche

Mit Vorschlägen für alle, die ein wenig Fleisch und Fisch geben möchten

Wochenplan

	MO	DI	MI
Frühstück	Bananen-Porridge (Seite 102)	Superobst-Müsli (Seite 98) oder Bircher Müsli (Seite 98)	Brot, Käse, falsche Leberwurst (Seite 103) oder salzarme Wurst
1. Zwischenmahlzeit	Joghurt, Obst	Brot mit Käse oder veg. Aufstrich, Gurkenscheiben	Power-Bällchen (Seite 154)
Mittagessen	Bohnen-Tomaten-Salat mit Salbei (Seite 110) und Hirseschnitten mit tomatiger Parmesankruste (Seite 126)	Gurken-Avocado-Salat mit Sesam (Seite 111) und Veggie-Chili mit Avocadodip (Seite 132) oder Chili mit Hack, dazu Vollkornreis	Tabouleh (Seite 110) und Rote-Bete-Pommes mit Walnuss-Sanddorn-Dip (Seite 130)
2. Zwischenmahlzeit (statt Dessert)	Apfel-Milchreis (Seite 150)	Möhren-Bananen-Dinkel-Cookies (Seite 82)	Sommerkefir (Seite 96), Früchtepower (Seite 96) oder einfach Obst
Abendessen	Kartoffelplätzchen mit Möhren-Mandel-Mus (Seite 119)	Brot, Käse, restliche Hirseschnitten (Seite 126) vom Vortag	Erbsenpfannkuchen (Seite 124) oder Reisplätzchen (Seite 122)
Vorbereiten und Zeit sparen	Aus Pellkartoffeln vom Vortag Kartoffelplätzchen (Seite 119) zubereiten. Evtl. mehr Hirseschnitten (Seite 126) zubereiten.	Evtl. etwas mehr Reis für den nächsten Tag kochen.	Übrig gebliebenen Reis vom Vortag zu Reisplätzchen (Seite 122) verarbeiten.

DO	FR	SA	SO
Bananen-Porridge (Seite 102) oder Bircher Müsli (Seite 98)	Brot, Käse, Kichererbsenmus (Seite 102), Avocado-Tomaten-Aufstrich (Seite 103)	Brot/Brötchen, Himbeerbutter (Seite 104), Orangen-Aprikosen-Aufstrich (Seite 104)	Brot/Brötchen, Himbeerbutter (Seite 104), Orangen-Aprikosen-Aufstrich (Seite 104), Früchte-Power (Seite 96), Obst
Brot mit Käse oder veg. Aufstrich, Gurkenscheiben	Kartoffelpufferwaffeln (Seite 114) vom Vortag	Joghurt, Obst	Wird durch üppiges Sonntagsfrühstück ersetzt.
Weiße-Bohnen-Eintopf (Seite 106) und Kartoffelpufferwaffeln (Seite 114)	Brokkolicremesuppe (Seite 109) und Fenchel-Zucchini-Minipizzen (Seite 129) oder Minipizzen mit Fenchel und Wildlachs	Walnuss-Kichererbsen-Salat (Seite 111) und Spiralnudeln mit Veggie-Bolognese (Seite 144)	Rote-Bete-Apfel-Suppe (Seite 108) und Kartoffeliges Gemüsegratin (Seite 123) oder Kartoffel-Hähnchen-Gratin
Hafer-Apfel-Cookies (Seite 84)	Obst, Gemüsesticks mit Dip	Power-Bällchen (Seite 154)	Kokosmuffins (Seite 152)
Brot, Käse, Kichererbsenmus (Seite 102),falsche Leberwurst (Seite 103) oder salzarme Wurst, Avocado-Tomaten-Aufstrich (Seite 103)	Brot mit Käse oder veg. Aufstrich, grüner Salat	restlicher Walnuss-Kichererbsen-Salat (Seite 111) und pikante Käsewaffeln (Seite 114) mit Biss	restliches Gratin (Seite 123), Schnelle Mini-Pita-Pizzen (Seite 128)
Falsche Leberwurst (Seite 103) vom Vortag zum Abendessen. Evtl. mehr Kartoffelpufferwaffeln (Seite 114) zubereiten.	Aufstrichreste vom Vorabend zum Frühstück	Eventuell etwas mehr Salat zum Mittagessen zubereiten und die Reste abends essen.	Himbeerbutter (Seite 104) und Aufstrich gibt's noch vom Vortag. Gratin: Mehr Pellkartoffeln für Montag kochen.

Rezepte für Babys

Genug der Theorie, jetzt geht's an die Töpfe! Vom ersten Brei bis zum Einstieg ins Familienessen gibt's hier jede Menge vegetarischer Ideen.

Es muss nicht immer Möhre sein!

Der erste Brei – zum Angewöhnen

Vegan
Für 1 oder 5 Portionen
⊘ 10 Min.

Für 1 Portion
125 g Möhren, Kürbis, Süßkartoffeln, Pastinaken oder Steckrüben (geputzt) • 5 EL Wasser • 2 TL Rapsöl

Für 5 Portionen
625 g Möhren, Kürbis, Süßkartoffeln oder Pastinaken • 150 ml Wasser • 50 ml Rapsöl

● Das Gemüse putzen, schälen und klein schneiden. Zusammen mit dem Wasser in einen kleinen Topf geben und aufkochen lassen. Dann auf kleiner Stufe etwa 10 Min. weich köcheln.

● Das Gemüse in ein hohes Gefäß umfüllen und pürieren. Die größere Menge kann direkt im Topf püriert werden. Dann das Rapsöl unterrühren.

Tipp Diesen Einsteiger-Brei füttern Sie mit dem Gemüse, für das Sie sich entschieden haben, am besten eine ganze Woche, bevor Sie die nächste Gemüsesorte einführen.

Das Grundrezept

Gemüse-Kartoffel-Getreide-Brei

Vegan
Für 1 oder 5 Portionen
⊘ 10 Min.

Für 1 Portion
100 g Gemüse • 50 g Kartoffeln • 10 g Haferflocken • 30 ml vitaminreicher Obstsaft (z. B. Orangensaft) oder 30 g Obstbrei • 2 TL Öl, z. B. Rapsöl

Für 5 Portionen
500 g Gemüse • 250 g Haferflocken • 150 ml vitaminreicher Obstsaft (z. B. Orangensaft) oder 150 g Obstbrei • 50 ml Rapsöl

● Das Gemüse waschen, putzen und in grobe Stücke schneiden. Kartoffeln schälen und in dünne Scheiben schneiden. Zusammen mit dem Gemüse 5–10 Min. in wenig Wasser gar dünsten.

● Haferflocken hinzufügen und mit Obstsaft, Obstbrei oder 20 g Wasser pürieren. Die größere Menge kann direkt im Topf püriert werden. Dann das Öl unterrühren.

Tipp Vom Forschungsinstitut für Kinderernährung entwickelt – da machen Sie garantiert nichts falsch!

●▸ Grundrezept Gemüse-Kartoffel-Getreide-Brei (mit Karotte)

Deftig und lecker

Kohlrabi-Kartoffel-Hafer-Brei

Vegan
Für 1 oder 5 Portionen
⊘ 10 Min.

Für 1 Portion
100 g Kohlrabi • 50 g Kartoffeln • 5 EL Wasser • 10 g Haferflocken • 30 ml Orangensaft • 2 TL Rapsöl

Für 5 Portionen
500 g Kohlrabi • 250 g Kartoffeln • 150 ml Wasser • 50 g Haferflocken • 150 ml Orangensaft • 50 ml Rapsöl

● Kohlrabi und Kartoffeln putzen, schälen und in Würfel schneiden. Beides zusammen mit dem Wasser in einen kleinen Topf geben und aufkochen lassen. Dann auf kleiner Stufe etwa 10 Min. weich köcheln.

● Die Haferflocken und den Orangensaft hinzufügen. Alles in ein hohes Gefäß umfüllen und pürieren. Die größere Menge kann direkt im Topf püriert werden. Dann das Rapsöl unterrühren.

Mit viel Eisen dank Fenchel

Fenchel-Kartoffel-Hirse-Brei

Vegan
Für 1 oder 5 Portionen
⊘ 10 Min.

Für 1 Portion
100 g Fenchel • 50 g Kartoffeln • 5 EL Wasser • 10 g Hirseflocken • 30 ml Sanddornsaft • 2 TL Rapsöl

Für 5 Portionen
500 g Fenchel • 250 g Kartoffeln • 150 ml Wasser • 50 g Hirseflocken • 150 ml Sanddornsaft • 50 ml Rapsöl

● Fenchel waschen, Kartoffeln schälen. Beides in Würfel schneiden, zusammen mit dem Wasser in einen kleinen Topf geben und aufkochen lassen. Dann auf kleiner Stufe etwa 10 Min. weich köcheln.

● Die Hirseflocken und den Sanddornsaft hinzufügen. Das Gemüse in ein hohes Gefäß umfüllen und pürieren. Die größere Menge kann direkt im Topf püriert werden. Dann das Rapsöl unterrühren.

❯ Fenchel-Kartoffel-Hirse-Brei

Mit eisenreichen Hirseflocken

Brokkoli-Hirse-Brei mit Tomate

Vegan
Für 1 oder 5 Portionen
⊘ 20 Min.

Für 1 Portion
100 g Brokkoli • 50 g Kartoffeln • 8 EL Wasser • 3 Kirschtomaten • 10 g Hirseflocken • 2 TL Rapsöl

Für 5 Portionen
500 g Brokkoli • 250 g Kartoffeln • 120 ml Wasser • 15 Kirschtomaten • 50 g Hirseflocken • 50 ml Rapsöl

● Brokkoli waschen und Kartoffeln schälen. Brokkoli in Röschen teilen, Kartoffeln in Würfel schneiden. Mit dem Wasser in einen kleinen Topf geben und aufkochen lassen. Dann auf kleiner Stufe etwa 10 Min. weich köcheln.

● Die Tomaten mit heißem Wasser überbrühen und häuten. Stielansätze entfernen und das Fruchtfleisch in Würfel schneiden. Brokkoli, Kartoffeln und Tomaten mit den Hirseflocken mischen.

● Alles in ein hohes Gefäß umfüllen und pürieren. Dann das Rapsöl unterrühren.

Tipp Die Säure der Früchte kann zu Wundwerden führen. Deshalb führen Sie diesen Brei vorsichtig und nicht gleich zu Beginn ein.

Zur Abwechslung gibt's mal Reis

Erbsen-Vollkornreis-Brei

Vegan
Für 1 oder 5 Portionen
⊘ 50 Min.

Für 1 Portion
50 g Vollkornreis • 125 ml Wasser • 100 g TK-Erbsen • 30 g reife Avocado • 2 TL Rapsöl

Für 5 Portionen
250 g Vollkornreis • 600 ml Wasser • 500 g TK-Erbsen • 150 g reife Avocado • 50 ml Rapsöl

● Den Reis mit dem Wasser in einen kleinen Topf geben und aufkochen lassen. Dann auf kleiner Stufe nach Packungsangabe etwa 45 Min. leise köcheln lassen. In den letzten 5 Minuten die Erbsen zugeben und darin weich kochen.

● In der Zwischenzeit die Avocado(s) schälen und die benötigte Menge abwiegen. In Würfel schneiden.

● Das Gemüse in ein hohes Gefäß umfüllen und pürieren. Die größere Menge kann direkt im Topf püriert werden. Dann das Rapsöl unterrühren.

❯❯ Erbsen-Vollkornreis-Brei

Gemüse

Herrlich bunt, doch nicht immer geliebt: Gemüse ist Geschmackssache. Im ersten Brei wird es vielleicht noch interessiert ausprobiert, am Familientisch ist es oft nicht gern gesehen.

Gemüse-Abwechslung ist wichtig, damit die Kleinen von möglichst vielen der so wichtigen Vitamine, Mineralstoffe, Spurenelemente und Ballaststoffe profitieren. Hier müssen manchmal Tricks herhalten, um ihnen das gute Gemüse schmackhaft zu machen.

Möhren oder Karotten sind meist das erste Gemüse im Brei. Wegen der Süße werden sie gern gegessen. Sie enthalten viel Beta-Carotin, die Vorstufe von Vitamin A, das wichtig für die Entwicklung der Sehkraft ist. Immer etwas Omega-3-fettsäurenreiches Öl zugeben, am besten Rapsöl, so wird das wertvolle Carotin sehr viel besser aufgenommen.

Pastinaken gelten heute als Alternative für den ersten Brei, da sie weniger allergenes Potenzial haben. Besonders ihr Kalium- und ihr Folsäuregehalt sind erwähnenswert. Sie sind meist gut verträglich, aber leider weniger süß, sodass sie nicht

von allen Babys akzeptiert werden. Einfach ausprobieren.

Kürbis kann wegen seiner guten Verträglichkeit und der leckeren Süße eine gute Alternative für den ersten Brei sein. Er enthält viel Beta-Carotin. Wenn die Breizeit vorbei ist, kann Hokkaido-Kürbis auch ungeschält gegessen werden.

Zucchini. Ihr milder Geschmack macht die Zucchini sehr beliebt bei den Kleinsten und bietet viele Möglichkeiten der Zubereitung. In Sachen Nährstoffe tut sie sich nicht besonders hervor.

Grüne Bohnen. Im Gegensatz zu getrockneten Bohnen verursachen sie keine Blähungen und werden auch von kleinen Kindern meistens gut vertragen. Aber bitte unbedingt kochen, denn roh sind sie giftig! Weich gegart eignen sich Grüne Bohnen auch prima als Finger- bzw. Fäustchen-Food.

Süßkartoffeln sind besonders gut geeignet für die Babyernährung, denn sie sind lecker süß und dabei gut verträglich. Ihr Ballaststoffgehalt ist hoch und ihr Beta-Carotin-Gehalt ebenfalls.

Kohlrabi. Der milde und leicht süßliche Kohlrabi kommt bei Kindern gut an. Er gehört aber zu den Kohlgewächsen und kann daher bei empfindlichen Kindern Blähungen auslösen. Probieren Sie langsam aus, wie Ihr Kind damit zurechtkommt.

Brokkoli enthält recht viel Vitamin C – eine gute Kombination mit eisenreichem Gemüse. Er hat aber auch eine blähende Wirkung. Weich gekocht (aber gleichzeitig noch so bissfest, dass er beim Festhalten nicht gleich zerdrückt wird) ist das Gemüse auch prima für erste eigene Ess-Erlebnisse aus kleinen Babyfäustchen geeignet.

Blumenkohl schmeckt mild, lässt sich gut pürieren und wird von den meisten Kindern gemocht. Er enthält recht viel Vitamin C und kann damit die Eisenaufnahme aus anderen Lebensmitteln erhöhen.

Tomaten. Die roten Früchte werden frühestens ab dem 10. Monat empfohlen, denn ihre Säure kann zu Wundwerden und auch zu Verdauungsproblemen führen. Dies trifft besonders auf rohe Früchte zu, während gekochte Tomaten oft besser verträglich sind. Mit ihrem hohen Vitamin-C-Gehalt helfen sie bei der Eisenaufnahme.

Auberginen. Sie enthalten viel Kalzium, Vitamin A und Folsäure. Ab dem 8. Monat sind sie in gedünsteter Form für Babys geeignet. Die schwerer verdauliche Schale entfernt man besser.

Mit viel Eisen und Beta-Carotin

Süßkartoffel-Kürbis-Brei mit Hirse

Vegan
Für 1 oder 5 Portionen
⊘ 25 Min.

Für 1 Portion
50 g Süßkartoffeln • 50 g Kartoffeln • 50 g Hokkaido-Kürbis • 5 EL Wasser • 10 g Hirseflocken • 30 ml Orangensaft • 2 TL Rapsöl

Für 5 Portionen
250 g Süßkartoffeln • 250 g Kartoffeln • 250 g Hokkaido-Kürbis • 150 ml Wasser • 50 g Hirseflocken • 150 ml Orangensaft • 50 ml Rapsöl

● Süßkartoffeln und Kartoffeln schälen, den Kürbis nur gründlich waschen. Alles in Würfel schneiden, zusammen mit dem Wasser in einen kleinen Topf geben und aufkochen lassen. Dann auf kleiner Stufe etwa 15 Min. weich köcheln.

● Die Hirseflocken und den Orangensaft hinzufügen. Das Gemüse in ein hohes Gefäß umfüllen und pürieren. Die größere Menge kann direkt im Topf püriert werden. Dann das Rapsöl unterrühren.

Ein Klassiker: Spinat und Ei

Spinat-Kartoffel-Hafer-Brei

Für 1 oder 5 Portionen
⊘ 20 Min.

Für 1 Portion
50 g Kartoffeln • 5 EL Wasser • 50 g TK-Spinat • 10 g Haferflocken • 1 Ei • 30 ml Orangensaft • 2 TL Rapsöl

Für 5 Portionen
250 g Kartoffeln • 150 ml Wasser • 250 g TK-Spinat • 50 g Haferflocken • 5 Eier • 150 ml Orangensaft • 50 ml Rapsöl

● Kartoffeln putzen und schälen. Mit dem Wasser in einen kleinen Topf geben und aufkochen lassen. Dann auf kleiner Stufe etwa 10 Min. weich köcheln. Den Spinat in einem zweiten Topf auftauen und erhitzen. Das Ei 10 Min. hart kochen.

● Das Ei abschrecken, schälen und das Eiweiß vom Eigelb trennen. Eigelb leicht zerdrücken und mit Kartoffeln, Spinat, Haferflocken und Orangensaft im Spinatkochtopf vermischen.

● In ein hohes Gefäß umfüllen und pürieren. Die größere Menge kann direkt im Topf püriert werden. Dann das Rapsöl unterrühren.

❯❯ Süßkartoffel-Kürbis-Brei mit Hirse

Lecker süß: Erbsen und Möhren

Möhren-Erbsen-Polenta

Vegan
Für 1 oder 5 Portionen
🕐 15 Min.

Für 1 Portion
50 g Möhren • 50 g Kartoffeln • 5 EL Wasser • 50 g TK-Erbsen • 10 g Maisgrieß • 30 ml Orangensaft • 2 TL Rapsöl

Für 5 Portionen
250 g Möhren • 250 g Kartoffeln • 150 ml Wasser • 250 g TK-Erbsen • 50 g Maisgrieß • 150 ml Orangensaft • 50 ml Rapsöl

● Möhren und Kartoffeln schälen. Beides in Würfel schneiden, zusammen mit dem Wasser in einen kleinen Topf geben und aufkochen lassen. Auf kleiner Stufe etwa 15 Min. weich köcheln, in den letzten 5 Minuten die Erbsen zugeben.

● Den Maisgrieß und den Orangensaft hinzufügen. Das Gemüse in ein hohes Gefäß umfüllen und pürieren. Die größere Menge kann direkt im Topf püriert werden. Dann das Rapsöl unterrühren.

Lange Garzeit einplanen!

Pastinaken-Grünkern-Brei

Vegan
Für 1 oder 5 Portionen
🕐 55 Min.

Für 1 Portion
100 g Pastinaken • 5 EL Wasser • 40 g Grünkernschrot • 10 g Haferflocken • 30 ml Apfelsaft • 2 TL Rapsöl

Für 5 Portionen
500 g Pastinaken • 150 ml Wasser • 200 g Grünkernschrot • 50 g Haferflocken • 150 ml Apfelsaft • 50 ml Rapsöl

● Die Pastinaken schälen und in Würfel schneiden. Das Wasser aufkochen und Grünkernschrot und Pastinakenwürfel einrühren. Etwa 45 Min. in kochendem Wasser weich garen.

● In den letzten 5 Minuten der Kochzeit die Haferflocken untermischen und quellen lassen. Dann Saft und Öl hinzufügen.

Tipp Geben Sie Grünkern wegen des relativ hohen Glutengehalts erst ab dem 9. Monat, besonders bei einer möglichen Veranlagung zu Zöliakie.

▸▸ Möhren-Erbsen-Polenta

Gut verträglich
Kürbis-Kartoffel-Brei mit Couscous

Vegan
Für 1 oder 5 Portionen
⊘ 25 Min.

Für 1 Portion
50 g Kartoffeln • 100 g Hokkaido- oder Butternusskürbis • 10 EL Wasser • 1 TL Rapsöl • 30 ml Sanddorn- oder Apfelsaft • 10 g Couscous

Für 5 Portionen
250 g Kartoffeln • 500 g Hokkaido- oder Butternusskürbis • 300 ml Wasser • 50 g Couscous • 150 ml Sanddorn- oder Apfelsaft • 5 TL Rapsöl

● Kartoffeln schälen, den Kürbis gründlich waschen. Beides in Würfel schneiden, zusammen mit 8 Esslöffeln Wasser (bzw. 240 ml bei 5 Portionen) in einem kleinen Topf aufkochen lassen. Auf kleiner Stufe etwa 15 Min. weich köcheln.

● Das restliche Wasser zum Kochen bringen, den Couscous damit übergießen und 5 Min. darin quellen lassen.

● Das Gemüse mit dem Saft pürieren. Couscous unterrühren oder mit dem Rest mitpürieren. Das Rapsöl unterrühren.

Tipp Kleineren Babys püriert man den Couscousbrei. Größere kommen mit den kleinen Körnchen schon gut zurecht.

Mit der Süße vom Apfel – lecker!
Zucchini-Hafer-Kartoffel-Brei

Vegan
Für 1 oder 5 Portionen
⊘ 15 Min.

Für 1 Portion
100 g Zucchini • 50 g Kartoffeln • 5 EL Wasser • 10 g Haferflocken • 30 g Apfelmus ohne Zuckerzusatz • 2 TL Rapsöl

Für 5 Portionen
500 g Zucchini • 250 g Kartoffeln • 150 ml Wasser • 50 g Haferflocken • 150 g Apfelmus ohne Zuckerzusatz • 50 ml Rapsöl

● Zucchini und Kartoffeln waschen. Kartoffeln schälen. Beides in Würfel schneiden, zusammen mit dem Wasser in einen kleinen Topf geben und aufkochen lassen. Dann auf kleiner Stufe etwa 15 Min. weich köcheln.

● Apfelmus zusammen mit den Haferflocken hinzufügen.

● Das Gemüse in ein hohes Gefäß umfüllen und pürieren. Die größere Menge kann direkt im Topf püriert werden. Dann das Rapsöl unterrühren.

❯❯ Zucchini-Hafer-Kartoffel-Brei

Im Brei ist Kuhmilch schon erlaubt

Grundrezept Milch-Getreide-Brei

Für 1 Portion
⊘ 5 Min.

20 g Getreideflocken oder -grieß • 200 ml Vollmilch • 2 EL Obstsaft oder Obstbrei

● Getreideflocken in kalte Milch bzw. Grieß in kochende Milch einrühren. 3 Min. aufkochen bzw. weiterkochen lassen.

● Den Obstsaft oder -brei unterrühren.

Tipp Um Ihr Baby an Vollmilch zu gewöhnen, können Sie die Milch anfangs auch zur Hälfte mit Wasser verdünnen.

Reis ist besonders gut verträglich

Brei aus Reis-Schmelzflocken

1 Portion
⊘ 5 Min.

200 ml Vollmilch • 2 EL Reis-Schmelzflocken • 2 EL Orangensaft

● Milch leicht erwärmen und Reisflocken einrühren. Den Orangensaft unterrühren.

Tipp Wenn Sie eine Glutenunverträglichkeit befürchten, weil es in Ihrer Familie Fälle von Zöliakie gibt, führen Sie als Erstes glutenfreies Getreide ein. Reis ist neben Hirse besonders geeignet, weil er außerdem gut vertragen wird.

Einfach und schnell
Hirsebrei

Für 1 Portion
⊘ 5 Min.

200 ml Vollmilch • 2 EL Hirseflocken •
2 EL Apfelmus

● Milch leicht erwärmen und Hirseflocken einrühren.

● Das Apfelmus unterrühren.

Tipp Statt Apfelmus können Sie auch anderes Obstmus oder Obstsaft in den Brei geben.

Mit speziellen Baby-Dinkelflocken
Dinkelflockenbrei

Für 1 Portion
⊘ 5 Min.

200 ml Vollmilch oder Säuglingsanfangsmilch • 3 EL Dinkelflocken für die Babyernährung • 2 EL Orangensaft

● Milch leicht erwärmen und die Dinkelflocken einrühren.

● Den Orangensaft unterrühren.

Tipp Wenn Sie den Brei schon zu Beginn der Beifütterung füttern möchten, rühren Sie ihn einfach mit etwas warmem Wasser statt mit Milch an.

Mit frisch gemahlenem Hafer

Hafer-Frischkorn-Brei

Für 1 Portion
⊘ 15 Min.

20 g Hafer • 200 ml Vollmilch • 2 EL Orangensaft

● Den Hafer in der Getreidemühle zu feinem Schrot mahlen.

● Die Milch in einem kleinen Topf erwärmen, aber nicht kochen. Den Hafer in die warme Milch einrühren und aufkochen. Dann von der Platte nehmen und noch etwa 10 Min. ausquellen lassen. Den Orangensaft einrühren.

Tipp Gekaufte Haferflocken werden immer hitzebehandelt, weil sie sonst wegen ihres hohen Fettgehalts zu schnell ranzig würden. Dadurch geht aber auch ein Teil der wertvollen Inhaltsstoffe verloren, vor allem Vitamine. Frisch gemahlen ist Hafer also nährstoffreicher.

Prima bei Verdauungsproblemen

Rosa Dinkelbrei mit Pflaume

Für 1 Portion
⊘ 15 Min.

200 ml Vollmilch • 3 EL Dinkelflocken • 1 Trockenpflaume • 2 EL Rote-Bete-Saft

● Die Milch leicht erwärmen und die Dinkelflocken einrühren.

● Die Trockenpflaume in den Saft geben und zusammen pürieren. Dann den Dinkelbrei einrühren.

❯❯ Rosa Dinkelbrei mit Pflaume

Getreide

Getreide ist von Anfang an eine wichtige Quelle für viele Nährstoffe wie Eiweiß, Kohlenhydrate, viele Vitamine, Mineralstoffe und Spurenelemente.

In Vollkorngetreide sind die meisten Nährstoffe enthalten. Aber es sollte immer verarbeitet sein, denn rohes Getreide ist für das noch unreife Magen-Darm-System Ihres Babys zu schwer verdaulich und enthält außerdem Stoffe, die die Aufnahme von Mineralstoffen und Spurenelementen vermindern. Ganze Körner sind wegen der Verschluckungsgefahr am Anfang auch nichts für Ihr Kind, besser ist es in Form gut löslicher Flocken oder gekocht und püriert.

Hafer. Der Allrounder enthält besonders viel Eisen und Zink und wird meistens gut vertragen. In seinem Gehalt an Eiweiß, Kalzium, Vitamin B_1 und B_6 übertrifft er alle anderen Getreidearten. Haferflocken sind übrigens immer Vollkornflocken, selbst wenn sie nicht so aussehen.

Hirse. In Form von Flocken ist sie besser verdaulich als das ganze Korn. Die im Korn vorhandenen Saponine hemmen die Aufnahme mancher Nährstoffe wie Eisen. Die geschälte Goldhirse ist besser verträglich. Trotzdem ist Hirse ein toller Eisenlieferant, denn sie hat einen noch höheren Gehalt als Hafer. Außerdem besitzt sie sehr viel Kieselsäure – wichtig für den Aufbau von Knochen, Haut und Haaren.

Weizen kommt anfangs vor allem in Form von Weizengrieß zum Einsatz. Der Gehalt an Spurenelementen und Mineralstoffen ist nicht ganz so hoch wie bei Hafer und Hirse, aber Weizen kann trotzdem zu einer guten Nährstoffversorgung beitragen.

Dinkel. Auf seinen nussigen Geschmack stehen viele kleine Kinder. Doch das ist nicht die einzige positive Eigenschaft, weshalb das mit dem Weizen verwandte Korn gerne seinem Verwandten vorgezogen wird. Auch im Gehalt an wertvollen Inhaltsstoffen ist es dem Weizen haushoch überlegen. Besonders Vitamin E, Eiweiß und ungesättigte Fettsäuren sind erwähnenswert.

Reis. Als Flocken ist Reis ein ideales Anfangsgetreide, besonders für allergiegefährdete Kinder und solche, bei denen Zöliakie in der Familie vorkommt. Auch in der Vollkornversion wird Reis in den meisten Fällen gut vertragen, am Anfang aber besser pürieren.

Roggen löst selbst bei Erwachsenen manchmal Blähungen aus und wird erst ab dem Alter empfohlen, in dem Babys auch Brot essen können. Das kräftig schmeckende Getreide spielt bei uns ohnehin die größte Rolle als Brotgetreide, in dem es durch Sauerteig eine bessere Verdaulichkeit bekommt.

Amaranth. Wegen seines unschlagbar hohen Eisen- und seines hohen Zinkgehalts wird Amaranth manchmal in fertiger Gläschenkost eingesetzt. Allerdings wird das Korn für diesen Einsatz speziell behandelt. Die winzigen Körnchen enthalten schwer verdauliche Stoffe, die auch die Aufnahme von Mineralstoffen hemmen. Nach dem 1. Lebensjahr kann gepoppter Amaranth eingeführt werden.

Quinoa. Auch Quinoa kann hemmend auf die Nährstoffaufnahme wirken. Durch Reinigung wird zwar der größte Teil der schädlichen Saponine unschädlich gemacht, aber es ist unklar, ob nicht noch zu viel für das unausgereifte Darmsystem sehr kleiner Kinder drinsteckt. Deshalb rät die Deutsche Gesellschaft für Ernährung (DGE) vorsichtshalber für Kinder unter zwei Jahren von Quinoa ab.

Schmeckt den meisten Babys

Grundrezept Getreide-Obst-Brei

Vegan
Für 1 Portion
⊘ 5 Min.

20–30 g Vollkorn-Getreideflocken oder -grieß • 90 ml Wasser • 100 g Obstbrei (aus dem Gläschen oder selbst gemacht) • 1 TL Rapsöl

● Getreideflocken in kaltes oder Grieß in kochendes Wasser einrühren. 3 Min. aufkochen bzw. weiterkochen lassen.

● Obstbrei zugeben und Rapsöl unterrühren.

Auch lecker mit Birne oder Pflaume

Apfel-Grießbrei

Vegan
Für 1 Portion
⊘ 5 Min.

30 g Vollkorngrieß • 90 ml Wasser • ½ Apfel • 1 TL Rapsöl

● Den Vollkorngrieß in der Hälfte des Wassers erhitzen und unter ständigem Rühren 3 Min. quellen lassen. Den aufgequollenen Grieß vom Herd nehmen und das restliche Wasser unterrühren.

● Den halben Apfel schälen und zu Brei pürieren. Mit dem Grieß und dem Rapsöl vermischen.

Süß und lecker

Bananen-Zwieback-Brei

Vegan
Für 1 Portion
⊘ 10 Min.

2 Scheiben ungesüßter Dinkelzwieback •
150 ml Wasser • ½ Banane • 1 EL Apfelsaft • 1 TL Rapsöl

● Zwieback in ein Schälchen bröckeln
und das Wasser stark erhitzen. Über
den Zwieback gießen und den Zwieback
quellen lassen, bis er ganz weich ist.

● Die halbe Banane schälen, mit einer
Gabel zerdrücken und zusammen mit
dem Apfelsaft und dem Öl unter den
Zwiebackbrei rühren.

Tipp Achten Sie darauf, dass Sie ungesüßten Zwieback kaufen.

Lecker auch mit Birne!

Apfel-Zwieback-Brei

Vegan
Für 1 Portion
⊘ 10 Min.

3 Scheiben ungesüßter Dinkelzwieback •
100 ml Wasser • 1 Apfel

● Zwieback in ein Schälchen bröckeln
und das Wasser stark erwärmen. Über
den Zwieback gießen und den Zwieback
quellen lassen, bis er ganz weich ist.

● Den Apfel waschen, vierteln und das
Kerngehäuse entfernen. Die Apfelviertel
fein reiben.

● Den Zwieback mit einer Gabel zerdrücken und den geriebenen Apfel damit
vermischen.

Tipp Wenn Ihr Baby schon kauen möchte, reiben Sie ihm den Apfel gröber.

Fruchtig-lecker
Birnen-Melonen-Reis

Vegan
Für 1 Portion
⊘ 15 Min.

175 ml Wasser • 2 EL Vollkornreisflocken •
½ Birne • 50 g Honigmelone • 1 TL Rapsöl

● 150 ml Wasser in einem kleinen Topf erhitzen und die Reisflocken einrühren. Unter Rühren aufkochen, von der Platte nehmen und ausquellen lassen.

● Die halbe Birne waschen, schälen und das Kerngehäuse entfernen. Die Schale der Melone und die Kerne entfernen. Birne und Melone in Würfel schneiden.

● Obst in dem restlichen Wasser weich dünsten. Öl hinzufügen und pürieren. Dann die Reisflocken einrühren.

Variante Für größere Babys können Sie statt Reisflocken auch gekochten Vollkornreis verwenden.

Mit Mandelmus für jede Menge Eisen
Himbeer-Reis-Brei mit Mandelmus

Vegan
Für 1 Portion
⊘ 10 Min. + Auftauzeit

100 g TK-Himbeeren • 90 ml Apfelsaft •
2 EL Reisflocken • 1 TL weißes Mandelmus

● Die Himbeeren auftauen lassen. Dann durch ein feines Sieb streichen, damit die kleinen Kerne entfernt werden.

● Den Apfelsaft in einem kleinen Topf erhitzen und die Reisflocken einrühren. 1–2 Min. quellen lassen.

● Mit Himbeer- und Mandelmus zusammen pürieren.

❖ Himbeer-Reis-Brei mit Mandelmus

Für echte Feinschmecker!

Pfirsich-Bananen-Reis

Vegan
Für 1 Portion
⊘ 10 Min.

1 Pfirsich • 200 ml Wasser • 2 EL Reisflocken • ½ Banane • 1 TL Rapsöl

● Den Pfirsich waschen, entsteinen
und vierteln. Mit dem Wasser in einen
kleinen Topf geben und das Wasser aufkochen, bis sich die Schale des Pfirsichs
leicht löst. Den Pfirsich herausnehmen
und schälen. Stein entfernen und das
Fruchtfleisch pürieren. Das Kochwasser
nicht wegschütten.

● Die Reisflocken in die Hälfte des Wassers rühren und 1–2 Min. quellen lassen.

● Die halbe Banane schälen und gut
zerdrücken.

● Pfirsichpüree, zerdrückte Banane,
Reisbrei und Rapsöl mischen.

Für alle, die es nicht so süß mögen

Heidelbeer-Hirse-Brei

Vegan
Für 1 Portion
⊘ 10 Min. + Auftauzeit

100 g TK-Heidelbeeren • 90 ml Wasser •
2 EL Hirseflocken • 1 TL Rapsöl

● Heidelbeeren auftauen lassen.

● Das Wasser in einem kleinen Topf
erhitzen und die Hirseflocken einrühren.
1–2 Min. quellen lassen.

● Mit den Heidelbeeren und dem Rapsöl
zusammen pürieren.

Tipp Heidelbeeren sind ideale Helfer bei
Durchfall.

❯❯ Heidelbeer-Hirse-Brei

Obst

Vitamine, Vitamine, Vitamine – nicht nur deshalb ist Obst so gesund, sondern auch wegen vieler Mineralstoffe, Spurenelemente und sekundärer Pflanzenstoffe.

Zum Glück sind die meisten Obstsorten so lecker, dass man sie den Kleinen nicht mit allen möglichen Tricks unterjubeln muss. Obst gehört zu einer gesunden vegetarischen Ernährung dazu. Besonders sein Vitamin C ist wichtig, um die Aufnahme von Eisen aus anderen Lebensmitteln zu verbessern.

Bananen. Zerdrückte Bananen sind der Klassiker für Babys: Einfach gemacht, gut zu essen und sie schmecken auch gut. Bananen enthalten besonders viel Magnesium und Kalium und sind in der Regel sehr gut verträglich.

Pfirsiche, Nektarinen, Aprikosen, Honigmelonen. Weich, zuckersüß und immer gerne gegessen. Sie sind lecker im Obst-Getreide-Brei und später als Zwischenmahlzeit oder für Desserts. Die drei Steinfrüchte enthalten vor allem recht viel Kalium, Melone ist zudem reich an Beta-Carotin.

Birnen sind im ersten Brei sehr beliebt, denn sie schmecken fast allen Babys und werden in der Regel gut vertragen. Weil sie so schön weich sind, sind sie auch schnell verarbeitet.

Himbeeren, Brombeeren, Stachelbeeren, Johannisbeeren ohne Kernchen werden meist geliebt, können aber Allergieauslöser sein. Generell haben Beeren einen hohen Gehalt an Vitamin C und anderen Vitaminen.

Erdbeeren haben ein recht hohes allergenes Potenzial und sollten deshalb vorsichtig eingeführt werden. Gekocht sind sie besser verträglich, leider geht dabei aber ein Teil Ihres sehr hohen Vitamin-C-Gehalts verloren.

Kirschen sollten Sie Ihrem Baby selbstverständlich nur entsteint anbieten. Mit ihrem hohen Kalziumgehalt sind sie toll für kleine Veggies.

Äpfel. Gedünstet kommen Äpfel in die ersten Breie und werden meist auch gut akzeptiert. Später können sie auch grob oder fein gerieben werden. Sie besitzen viel Vitamin C und gute Ballaststoffe.

Heidelbeeren sind sehr gut verträglich, da sie trotz Ihres Namens nicht zu der allergenen Beerenfamilie gehören. Sie besitzen eine Menge Vitamine und sind ein toller Snack auch für zwischendurch.

Kiwis besitzen recht viel Säure und werden daher nicht immer gut vertragen. Probieren Sie sie daher frühestens im 10. Monat aus. Die Früchte haben einen hohen Gehalt an Vitamin C, sind also prima geeignet, um die Eisenverwertung zu verbessern.

Mangos und Papayas. Mangos haben einen besonders hohen Gehalt an Carotinoiden und besitzen viele Ballaststoffe. Die süßen Früchte werden von vielen Babys geliebt. Auch die süße Papaya ist reich an Ballaststoffen. In Würfel geschnitten sind Papayas und Mangos tolles Fingerfood. Wählen Sie dafür nicht allzu reife Früchte, die zu weich sind.

Avocados. Die Avocado zählt zu den Obstsorten und ist mit ihrer cremigen Konsistenz für süße und pikante Zubereitungen gleichermaßen geeignet. Mit ihrem hohen Kaloriengehalt ist sie gerade für zaghafte Esser eine willkommene Kalorienbombe. Unschlagbar ist auch ihr Gehalt an ungesättigten Fettsäuren und auch ihr Vitamin-C-Gehalt kann sich sehen lassen.

Schön süß mit viel Eisen

Mango-Mandelmus mit Reisbrei

Vegan
Für 1 Portion
⊘ 50 Min.

2 EL Vollkornreis • 90 ml Wasser • ½ reife Mango • 1 TL Mandelmus

● Den Reis in dem Wasser aufkochen und nach Packungsanweisung bei schwacher Hitze mindestens 40 Min. quellen lassen.

● In der Zwischenzeit die Mango schälen und die Hälfte des Fruchtfleischs klein schneiden oder, je nach Reife der Frucht, mit der Gabel zerdrücken.

● Reis, Mango und Mandelmus in einem hohen Gefäß zusammen pürieren.

Tipp Vollkornreis kocht mindestens 40 Minuten. Damit sich der Zeitaufwand lohnt, kochen Sie gleich mehrere Portionen.

Lecker, cremig und gesund

Avocado-Melonen-Hafer-Brei

Vegan
Für 1 Portion
⊘ 15 Min.

½ Avocado • 75 g Honigmelone • 90 ml Wasser • 2 EL Haferflocken

● Die Avocado schälen und den Stein entfernen. Die Schale der Honigmelone und die Kerne entfernen. Beides in kleine Würfel schneiden.

● Das Wasser in einem kleinen Topf erhitzen und die Haferflocken einrühren. 1–2 Min. quellen lassen.

● Avocado- und Melonenwürfel zugeben und alles zusammen pürieren.

Tipp Avocado hat viele ungesättigte Fettsäuren.

❯❯ Avocado-Melonen-Hafer-Brei

Für eine gute Eisenversorgung

Orangen-Hirse-Bällchen

Vegan
Für 12–15 Stück
⊘ 25 Min. + Abkühlzeit

50 g Goldhirse • 150–175 ml Orangensaft • 1 TL Rosinen • 1 TL Rapsöl

● Die Hirse in einem Sieb unter fließend heißem Wasser waschen, bis das abfließende Wasser nicht mehr milchig ist.

● Orangensaft aufkochen. Hirse und Rosinen hineingeben. Kurz aufkochen lassen, dann die Hitze auf niedrige Stufe reduzieren. Die Hirse etwa 15 Min. quellen lassen, bis sie sehr stark gequollen ist und gut zusammenklebt.

● Topf von der Platte nehmen, das Rapsöl einrühren und die Hirse etwas abkühlen lassen.

● Jeweils eine kleine Portion mit angefeuchteten Händen mehrmals fest zu Bällchen drücken, die gut in die Babyfaust passen.

Tipp Sobald Ihr Baby etwas in der Faust halten kann, können Sie diese Bällchen ausprobieren. Wählen Sie weiche Rosinen wie Sultaninen aus – harte wie Korinthen sind wegen der Gefahr des Verschluckens nicht geeignet. Die Bällchen halten sich 3–4 Tage im Kühlschrank.

Mit Gewürzen und Kräutern

Möhren-Linsen-Hirse-Bällchen

Vegan
Für 20–25 Stück
⊘ 35 Min. + 10 Min. Backzeit

50 g Goldhirse • 50 g rote Linsen • 175 ml Wasser • 150 g Möhren • 1 Prise Jodsalz • ½ Bund Schnittlauch • 2 EL Dinkelmehl (Type 630) • ½ TL Backpulver • ½ TL Kurkuma • 1 Spritzer Zitronensaft

● Den Backofen auf 250 °C vorheizen. Die Hirse in einem Sieb unter fließend heißem Wasser waschen, bis das abfließende Wasser nicht mehr milchig ist.

● Linsen und Hirse 10 Min. im Wasser bei mittlerer Hitze kochen.

● Möhren schälen, fein reiben und mit Salz vermischen. Einige Minuten ziehen lassen. Die Flüssigkeit ausdrücken und die Möhren zu der Hirse-Linsen-Mischung geben.

● Schnittlauch fein hacken und mit Mehl, Backpulver, Kurkuma und Zitronensaft zugeben. Alles gut vermengen.

● Mit angefeuchteten Händen kleine, für das Baby handliche Bällchen formen und auf ein mit Backpapier belegtes Blech legen. 10 Min. backen.

●▸ Möhren-Linsen-Hirse-Bällchen

Saftig und kürbis-süß
Kürbisbrötchen

Für 12–15 Stück
⊘ 20 Min. + 15 Min. Backzeit + Abkühlzeit

250 g Hokkaido-Kürbis (ohne Schale und Kerne gewogen) • 1 Ei • 1 EL weiche Butter • 325 g Dinkelmehl (Type 630) • 1 Prise Jodsalz • ½ Pck. Backpulver • etwas Milch zum Bepinseln

● Kürbis schälen, von Kernen befreien und in Würfel schneiden. In wenig Wasser weich kochen. Den weichen Kürbis pürieren und abkühlen lassen.

● Den Backofen auf 180 °C vorheizen.

● Das Ei mit der Butter schaumig schlagen. Mehl mit Salz und Backpulver mischen und mit dem Ei und dem Kürbis zu einem feinen Teig verkneten.

● Den Teig etwa 2 cm dick ausrollen und mit einer runden Ausstechform (z. B. einem Glas) kleine Kreise ausstechen. Auf ein mit Backpapier belegtes Blech legen, mit der Milch bepinseln und etwa 15 Min. backen.

Tipp Schmeckt auch gut mit einer Prise Zimt im Teig.

Süße Waffeln – ganz einfach
Süße Dinkelwaffeln

Vegan
Für 4–6 Stück
⊘ 5 Min. + 30 Min. Ruhezeit + Ausbackzeit

200 g Dinkelmehl (Type 630) • 300 ml kohlensäurehaltiges Mineralwasser • 2½ EL Rapsöl + etwas für das Waffeleisen • 50 g Ahornsirup

● Alle Zutaten miteinander verrühren und etwa 30 Min. ruhen lassen.

● Das Waffeleisen dünn mit Öl bestreichen und nacheinander 4–6 Waffeln darin backen (je nach Größe des Waffeleisens).

●> Süße Dinkelwaffeln

Liebt fast jedes Kind

Grießschnitten

Für 2–3 Portionen
⊘ 15 Min. + Abkühlzeit

250 ml Vollmilch • 1 Prise Jodsalz • 100 g
Vollkorngrieß • 1 Ei • Butter zum Braten

● Milch und Salz zusammen aufkochen.
Dann den Grieß unter Rühren mit dem
Schneebesen in die kochende Milch
einrieseln lassen. Wieder kurz aufkochen lassen, dann die Platte ausschalten.
Unter gelegentlichem Rühren 5 Min.
quellen lassen.

● Anschließend das Ei in den heißen
Brei rühren.

● Ein Backblech mit etwas Wasser be-
feuchten, den Grießbrei darauf ausstreichen und ganz erkalten und fest werden
lassen. Dann die Masse in handliche
Stücke schneiden und in einer Pfanne
in Butter von beiden Seiten kurz braten.
Für das Babyfäustchen etwas abkühlen
lassen.

Tipp Auch lecker für die Eltern – dann
die Masse noch mit etwas frisch geriebe-
nem Muskat verfeinern.

Ab dem 10. Monat geeignet

Tomaten-Hirse-Pfann-kuchen

Für 2 Stück
⊘ 35 Min.

75 g Dinkel-Vollkornmehl • 30 g Hirseflocken • 1 Prise Jodsalz • ½ TL getrocknetes
Basilikum • 2 Eier • 100 ml Milch • 1 EL
kohlensäurehaltiges Mineralwasser •
2 reife Tomaten • 2 TL Rapsöl • 2 EL frisch
geriebener Parmesan

● Mehl, Flocken, Salz und Basilikum in
einer Schüssel mischen. Die Eier dazugeben und nach und nach Milch und
Mineralwasser mit einem Schneebesen
unterrühren. Den Teig 10 Min. quellen
lassen.

● Die Tomaten mit kochendem Wasser
überbrühen, kurz stehen lassen, dann
die Haut abziehen. Fruchtfleisch entkernen und in kleine Würfel schneiden. Die
Tomatenstücke unter den Teig heben.

● 1 TL Öl in einer beschichteten Pfanne
erhitzen. Die Hälfte des Teigs in der
Pfanne verteilen. Einen Deckel auflegen
und den Pfannkuchen bei mittlerer Hitze
3–4 Min. goldbraun backen. Dann wenden, mit 1 EL Parmesan bestreuen und
zugedeckt 2–3 Min. backen. Den zweiten
Pfannkuchen ebenso zubereiten.

Ab dem 10. Monat geeignet

Hirse-Dinkel-Brot aus der Pfanne

Vegan

Für 1 pfannengroßen Fladen

⊘ 45 Min. + ca. 10 Stunden Einweich- und Gehzeit

- 100 g Goldhirse
- 275 ml Wasser
- 100 g Dinkelmehl
- 1 Pck. Trockenhefe

- ½ TL Zucker
- 1 Prise Jodsalz
- ½ TL gemahlener Kümmel

- 80 ml Vollmilch oder Reisdrink
- 1 EL Rapsöl

● Die Hirse in einem Sieb unter fließend heißem Wasser waschen, bis das abfließende Wasser nicht mehr milchig ist. In Wasser 8–10 Stunden, am besten über Nacht, einweichen.

● Am nächsten Tag bei schwacher Hitze 5 Min. köcheln lassen.

● Das Mehl in einer Schüssel mit der Hefe vermischen. Zucker, Salz und Kümmel dazugeben. Den warmen Hirsebrei unter die Mehlmischung rühren und die Milch oder den Reisdrink nach und nach dazugeben, sodass ein nicht zu fester Teig entsteht. Zugedeckt 45 Min. an einem warmen Ort gehen lassen.

● Aus dem Teig mit angefeuchteten Händen einen großen Fladen formen. Das Öl in einer beschichteten Pfanne erhitzen und den Teigfladen hineingeben. Den Deckel auf die Pfanne legen und den Fladen darin bei mittlerer Hitze auf jeder Seite etwa 15 Min. backen.

Tipp Den Fladen in kleine Stücke reißen und das Baby selbstständig futtern lassen.

Hier gibt's was zum Knuspern

Möhren-Bananen-Dinkel-Cookies

Vegan
Für 16–20 Stück
⊙ 15 Min. + 30 Min. Backzeit

1 Banane • 1 mittelgroße Möhre • 125 g Dinkelmehl (Type 1050) • 3 EL Rapsöl

● Den Backofen auf 200 °C vorheizen.

● Die Banane schälen und mit einer Gabel gründlich zerdrücken. Die Möhre schälen, fein raspeln und dazugeben. Mit dem Dinkelmehl vermischen. Alles mit dem Öl verkneten.

● Ein Backblech mit Backpapier belegen. Aus dem Teig mit feuchten Händen Cookies formen und auf dem Blech verteilen.

● In etwa 30 Min. hellbraun und knusprig backen.

Für die Extraportion Eisen

Grieß-Bananen-Cookies

Vegan
Für 12–16 Stück
⊙ 10 Min. + 20 Min. Backzeit

1 Banane • 75 g Vollkorn-Dinkelgrieß • 1–2 EL Mandelmus

● Den Backofen auf 160 °C vorheizen.

● Die Banane schälen und mit einer Gabel gründlich zerdrücken. Dinkelgrieß und Banane mit dem Mandelmus vermischen.

● Ein Backblech mit Backpapier belegen und die Mischung mit einem Teelöffel in kleinen Klecksen darauf verteilen.

● In 15–20 Min. hellbraun und knusprig backen.

●▸ Möhren-Bananen-Dinkel-Cookies

Super easy
Hafer-Apfel-Cookies

Vegan
Für etwa 30 Stück
⊘ 10 Min. + 20 Min. Backzeit

150 g Haferflocken • 250 g Apfelmus ohne Zuckerzusatz

● Den Backofen auf 160 °C vorheizen.

● Haferflocken und Apfelmus vermischen.

● Ein Backblech mit Backpapier belegen und die Mischung mit einem Teelöffel in kleinen Klecksen darauf verteilen. 15–20 Min. backen.

Tipp Statt Apfelmus eignen sich auch andere Obstbreie, entweder selbst gemacht oder – noch einfacher – aus gekauften Gläschen.

Süße Häppchen
Äpfel im Teigmantel

Für 2 Portionen
⊘ 20 Min.

1 Ei • 50 g Vollkorn-Weizenmehl • 4 EL kohlensäurehaltiges Mineralwasser • 1 mürber Apfel • 2 TL Rapsöl

● Das Ei in einer Schüssel mit einem Schneebesen verquirlen. Das Mehl esslöffelweise unterrühren. Zum Schluss das Mineralwasser einrühren. Der Teig soll dickflüssig werden.

● Den Apfel schälen, vierteln und das Kerngehäuse entfernen. Die Viertel in 2 cm dicke Spalten schneiden. Das Öl in einer Pfanne erhitzen.

● Apfelspalten mit einer Gabel nacheinander in den Teig tauchen und etwas abtropfen lassen. Die Temperatur auf schwache Hitze reduzieren und die Äpfel von jeder Seite goldgelb backen.

● Die gebackenen Apfelstücke auf Küchenpapier abtropfen und etwas abkühlen lassen.

◆▷ Hafer-Apfel-Cookies

Schmeckt toll süß, ganz ohne Zucker

Bananenbrot

Für 1 Kastenform
⊘ 15 Min. + 1 Std. Backzeit

3 große Bananen • 275 g Vollkorn-Dinkel-
mehl • 1 EL Backpulver • 60 ml Rapsöl
und etwas für die Form • 1 Ei • 50–80 ml
Vollmilch oder Reisdrink

● Den Backofen auf 180 °C vorheizen.

● Die Bananen schälen und mit einer
Gabel gründlich zerdrücken.

● Mehl und Backpulver vermischen und
mit dem Öl, dem Ei und der Milch oder
dem Reisdrink zu einem geschmeidigen
Teig mischen.

● Eine Kastenform ölen und den Teig
darin verteilen. Etwa 1 Stunde backen.

Saftig und süß – schmeckt fast allen

Möhren-Mandel-Muffins

Für 12–18 Stück
⊘ 20 Min. + 20 Min. Backzeit

2 Eier • 125 ml Rapsöl • 125 g Apfelmus •
125 ml Buttermilch • 200 g Möhren •
1 EL Zitronensaft • 300 g Dinkelmehl
(Type 630) • 100 g gemahlene Mandeln •
2 TL Backpulver

● Den Backofen auf 180 °C vorheizen.

● Die Eier schaumig rühren. Das Öl zusammen mit Apfelmus und Buttermilch
unterrühren.

● Die Möhren schälen, fein raspeln, mit
Zitronensaft beträufeln und zusammen
mit dem Mehl und dem Backpulver
ebenfalls unterrühren.

● Papierförmchen in ein Muffin-Blech
setzen und den Teig einfüllen. Etwa
20 Min. backen.

Tipp Diese Menge werden Sie und Ihr
Baby kaum schnell genug aufessen
können. Kein Problem – einfach einfrieren und beim nächsten Muffin-Hunger
wieder auftauen.

❖ Bananenbrot

Schmeckt auch Eltern!

Bananen-Aprikosen-Muffins

Vegan
Für 6 Stück
⊘ 15 Min. + 30 Min. Backzeit

1 große Banane (ca. 150 g) • 1 Aprikose •
150 g Dinkel-Vollkornmehl • 50 g Haferflocken • 2 TL Backpulver • 1 Prise Jodsalz •
150 ml kohlensäurehaltiges Mineralwasser

● Den Backofen auf 180 °C vorheizen.

● Die Banane schälen und mit einer Gabel zerdrücken. Die Aprikose waschen, in kleine Stücke schneiden und hinzufügen.

● Zuerst das Mehl grob unterrühren, dann Haferflocken, Backpulver und etwas Salz hinzufügen und verrühren. Anschließend das Mineralwasser unterrühren.

● Papierförmchen in ein Muffin-Blech setzen. Den Teig darin verteilen und etwa 30 Min. backen.

Kunterbunte Muffins

Nudel-Muffins mit Mais und Erbsen

Für 12 Stück
⊘ 25 Min. + 15 Min. Backzeit

1 kleine Dose Mais (140 g Abtropfgewicht) • 100 g Vollkorn-Gabelspaghetti •
150 g TK-Erbsen • 3 Eier • 250 ml Vollmilch •
1 Prise Jodsalz

● Den Backofen auf 180 °C vorheizen.

● Mais in einem Sieb abspülen und abtropfen lassen. Zusammen mit den Nudeln und den Erbsen in reichlich Salzwasser nach Packungsangabe der Nudeln kochen, bis die Nudeln weich sind. Abgießen und etwas abkühlen lassen.

● Die Eier verquirlen, mit den Nudeln, der Milch und dem Gemüse vermischen und mit wenig Salz würzen.

● Ein Muffin-Blech mit Papierförmchen auslegen und den Teig darin verteilen. Im Ofen etwa 15 Min. backen.

●> Nudel-Muffins mit Mais und Erbsen

Gemüse mit besonders viel Eisen

Für kleine Vegetarier bieten manche Gemüsesorten ein paar besondere Vorteile, denn sie enthalten viel von dem begehrten Eisen.

Leider sind gerade die besonders eisenhaltigen Blattgemüse wie Spinat und Mangold mit Nitrat belastet und machen vielen Eltern wegen der schädlichen Auswirkungen auf die Gesundheit Sorgen. Geben Sie solche Gemüse nicht öfter als zweimal in der Woche und entfernen Sie die besonders nitrathaltigen Stiele und Blattrippen. Bio-Gemüse ist im Schnitt weniger belastet. Wenn Sie dieses Gemüse vor dem Garen ausreichend wässern und das Kochwasser immer wegschütten, können Sie den Nitratgehalt um bis zu 70 % reduzieren. Wärmen Sie keine Gerichte mit solchen Gemüsen wieder auf. Einfrieren und anschließendes Aufwärmen sind aber okay.

Fenchel. Bei Fenchel scheiden sich die Geister: Die einen mögen, die anderen verabscheuen ihn. Wenn Ihr Kind zu den Fenchelliebhabern gehört, freuen Sie sich. In 100 g stecken etwa 1 mg Eisen.

Spinat enthält viel Eisen. Zwar nicht so viel, wie lange Zeit wegen eines Kommafehlers vermutet, aber noch immer respektable 3,4 mg in 100 g. Um die Eisenverfügbarkeit nicht zu vermindern, bereiten Sie Spinat besser ohne Milchprodukte oder Ei zu. Rahmspinat ist deshalb für die Ei-

Tipp

Vergessen Sie nicht, eine ordentliche Portion Vitamin C, zum Beispiel in Form von Obst oder Obstsäften, zuzugeben, damit das Eisen besser verwertet werden kann. Geeignet sind milde Säfte aus Orangen, Äpfeln oder anderen Obstsorten, gerne auch Exoten wie Mango. Später dürfen es auch Paprika sein. Beeren tragen ebenfalls mit ihrem hohen Vitamin-C-Gehalt zu einer besseren Eisenverwertung bei.

senversorgung weniger geeignet als ohne Sahne zubereiteter.

Mangold. Auch Mangold ist mit 2,7 mg pro 100 g eisenreich – ob Blatt- oder Stielmangold. Er ist dem Spinat nicht nur im Geschmack sehr ähnlich, es gelten für ihn die gleichen Zubereitungstipps.

Erbsen. Gekocht sind die kleinen Kugeln ein Spaß für viele ältere Babys und prima zum Üben des Pinzettengriffs geeignet. Sie tragen mit 1,6 mg Eisen pro 100 g zur besseren Eisenversorgung bei. Außerdem haben Erbsen einen hohen Eiweißgehalt und punkten mit viel Folsäure. Püriert im Brei sind Erbsen wegen ihrer Süße beliebt und dürfen von Anfang an von Babys gegessen werden. Übrigens: Erbsen lassen sich besser pürieren, wenn Sie sie nach dem Kochen in eiskaltem Wasser abschrecken. Rohe frische Erbsen aus der Schote gepult sollten Sie Ihrem Kind erst ab dem 2. Lebensjahr geben.

Rote Bete. Ihr Eisengehalt ist zwar nicht vergleichbar mit dem von Mangold, Spinat oder Fenchel, liegt aber immer noch im oberen Bereich. Ihr erdiger, gleichzeitig süßer Geschmack und die intensive Farbe kommen auch bei kleinen Kindern gut an.

Kartoffeln enthalten nicht sehr viel Eisen. Aber da sie meist in größeren Mengen gegessen werden, trägt ihr – wenn auch geringer – Vitamin-C-Gehalt von 15 mg pro 100 g dazu bei, Eisen besser zu verwerten.

Deftig, saftig und mit viel Eisen

Kartoffel-Pastinaken-Muffins

Für 12 Stück
⊘ 30 Min. + 40 Min. Backzeit

400 g festkochende Kartoffeln • 150 g Pastinaken • etwas Jodsalz • 40 ml Vollmilch • 1 TL Sesammus (Tahin) • 50 g Hüttenkäse • 2 Eier

● Kartoffeln und Pastinaken schälen und in große Würfel schneiden. Beides zusammen in etwas Salzwasser etwa 15 Min. weich kochen. Anschießend mit einem Kartoffelstampfer zerstampfen.

● Den Backofen auf 200 °C vorheizen. Die Milch erwärmen und zusammen mit Salz, Sesammus, Hüttenkäse und Eiern gründlich unter die Kartoffel-Pastinaken-Masse ziehen.

● Papierförmchen in ein Muffin-Blech setzen. Den Teig darin verteilen und etwa 40 Min. backen.

Tipp Zum Einfrieren gut geeignet.

Für alle, die schon löffeln können

Zucchini-Nudeln in Kokosmilch

Vegan
Für 1 Portion
⊘ 15 Min.

125 g Zucchini • 1 Basilikumstängel • 50 ml ungesüßte Kokosmilch • 50 ml Wasser • 40 g kurze Suppennudeln • ½ TL Rapsöl

● Zucchini putzen und fein raspeln. Basilikum waschen, trocken schütteln, Blättchen abzupfen und sehr fein hacken.

● Kokosmilch mit Wasser, Zucchini und Nudeln in einen Topf geben und alles zum Kochen bringen. Bei kleiner Hitze unter Rühren 7–8 Min. (nach Packungsanweisung der Nudeln) köcheln lassen.

● Öl und Basilikum unterrühren.

◆▸ Zucchini-Nudeln in Kokosmilch

Rezepte für Kleinkinder

Die »großen« Kleinen möchten am liebsten schon alles am Familientisch mitessen. Kein Problem mit den richtigen Rezepten!

Ein leckeres Frühstücksgetränk
Sommerkefir

Für den Extra-Carotin-Schub
Früchte-Power

Für 2 Portionen
⊘ 10 Min.

200 ml Aprikosensaft ohne Zuckerzusatz •
4 EL zartschmelzende oder feine Haferflocken • evtl. 1 TL Honig • 200 ml Kefir

● Aprikosensaft mit Haferflocken und
Honig pürieren, bis sich die Haferflocken
aufgelöst haben.

● Kefir zugeben und nochmals durch-
pürieren.

Tipp Schmeckt auch ohne Honig lecker!

Für 2 Portionen
⊘ 5 Min.

1 Banane • 100 ml Mangosaft ohne Zuckerzusatz • 100 ml Möhrensaft ohne Zuckerzusatz • 125 ml Buttermilch • 1 Tropfen
Rapsöl

● Die Banane schälen, zusammen mit
dem Mango- und dem Möhrensaft in ein
hohes Gefäß geben und pürieren.

● Buttermilch und Öl unterrühren.

Tipp Eine tolle Verwertungsmöglichkeit
für überreife Bananen

●▸ Früchte-Power

Mit viel Eisen und Vitamin C
Bircher Müsli

Für 2–3 Portionen
⊘ 15 Min. + Quellzeit über Nacht

150 g blütenzarte Haferflocken • 350 ml
Vollmilch • 1 großer Apfel (200–250 g) •
3 EL gemahlene Haselnüsse • evtl. 2 TL
flüssiger Honig

● Haferflocken und Milch verrühren.
Abgedeckt im Kühlschrank über Nacht
quellen lassen. Am nächsten Morgen
frühzeitig aus dem Kühlschrank nehmen, damit es nicht zu kalt ist.

● Apfel waschen und grob reiben. Apfel,
Haselnüsse und Honig unter die Haferflocken rühren.

● Ist das Müsli zu fest, noch etwas warme Milch unterrühren.

Tipp Honig ist mit Vollendung des ersten Lebensjahrs erlaubt. Aber Ihr Kind
wird das Müsli vielleicht sogar ohne die
Süße von Honig schon mögen. Probieren
Sie es doch mal aus.

Milchfreies Müsli
Superobstmüsli mit Samen

Vegan
Für 2–3 Portionen
⊘ 15 Min.

4–6 EL Haferflocken • 4–6 EL Hirseflocken • ½ Handvoll Leinsamen und
Kürbiskerne • 150–200 g Obst nach Wahl
und Saison (Melone, Beeren, Pflaumen,
Aprikosen, Pfirsiche usw.) • 1 Banane •
100–150 ml Orangensaft

● Hafer- und Hirseflocken mit Samen
und Kernen in eine Schüssel geben,
so weit mit Wasser auffüllen, dass der
Inhalt gerade bedeckt ist und 10 Min.
quellen lassen.

● In der Zwischenzeit das Obst waschen,
putzen und würfeln. Die Banane schälen
und mit der Gabel gründlich zerdrücken.

● Banane und Obst in die Müslimisch-
ung geben und mit dem Orangensaft
vermischen.

Tipp Wegen der Verschluckungsgefahr
für ältere Kleinkinder besser geeignet.

❯❯ Super Obstmüsli mit Samen

Milchprodukte

Für den Milch-Getreide-Brei ist Kuhmilch mit ihrem hohen Kalzium-gehalt die beste Milch. Zusätzlich brauchen Babys im 1. Lebensjahr keine Milch.

Geben Sie kleinen Kindern nicht aus falsch verstandenem Gesundheitsdenken fettarme Milch zu trinken oder in das Essen. Babys und Kleinkinder brauchen für ihr Wachstum viele Kalorien und deshalb ist Vollmilch, die noch den natürlichen Fettgehalt besitzt, die beste Wahl.

Quark/Hüttenkäse. Vor dem Ende des 1. Lebensjahres ist beides für Babys viel zu eiweißreich. Die kleinen Nieren sind noch nicht auf solche Eiweißmengen ausgerichtet und wären überfordert. Fertige Quarkzubereitungen für Babys, die relativ geringe Quarkmengen enthalten, sind noch akzeptabel, sollten aber vor Vollendung des 1. Lebensjahres nicht zu häufig gefüttert werden. Danach darf es hin und wieder etwas Quark oder Hütten-käse sein, doch spezielle Quarkzuberei-tungen für Kinder sind völlig unnötig. An den kleinen Körnchen von Hüttenkäse können schon kleine Kinder das Greifen und In-den-Mund-Stecken-üben – dann ist die Gefahr auch gering, dass zu viel davon gegessen wird.

Joghurt ist nicht so eiweißreich wie Quark. Mit seinen Milchsäurebakterien sorgt er für eine gesunde Darmflora. Ab dem 2. Lebensjahr sind 125 g am Tag in Ordnung. Doch täglich sollten Sie ihn dann auch noch nicht auf den Tisch bringen.

Schnitt- und Hartkäse. Diese Käsesorten enthalten besonders viel Kalzium und Ei-weiß. Eine Scheibe Schnittkäse am Tag ab dem 1. Lebensjahr ist genug, wenn keine weiteren Milchprodukte gegeben werden.

Ziegen- oder Schafsmilch. Besorgte Eltern füttern sie gern statt Kuhmilch, da sie einen besseren Allergieschutz vermu-ten. Das stimmt leider nicht. Schaf- und Ziegenmilch sind aber im Vergleich zu Kuhmilch manchmal besser verdaulich. Für Kinder, die keine Kuhmilch vertragen, können diese Sorten eine Alternative sein.

Soja-, Mandel- und andere Pflanzenmilch. Weder Soja-, noch Mandel- oder Getreidemilch aus Hafer, Reis oder Dinkel können ein Ersatz für Vollmilch sein. Sojamilch enthält einen hormonähnlichen Stoff, der nicht gut fürs Baby ist, hat aber geringere Gehalte an Kalzium, wichtigen Vitaminen und Aminosäuren als Vollmilch. Auch anderen Pflanzenmilchsorten mangelt es an diesen wichtigen Inhaltsstoffen. Vitamin B$_{12}$ besitzen diese Milchalternativen gar nicht.

Frischkäse eignet sich prima für die ersten Brote. Hier sollten Sie sich die Zutatenliste durchlesen und sich so über den Salzgehalt informieren, der oft hoch ist. Wählen Sie auf jeden Fall eine salzarme Sorte.

Schimmelkäse. Von Schimmelkäse wie Gorgonzola oder Camembert wird für Babys abgeraten, denn er kann Listeriose-Bakterien enthalten. Ab dem 2. Lebensjahr dürfen Kinder diese Käse aber probieren. Vorsicht: Gorgonzola enthält sehr viel Salz.

Butter kann statt Öl als Kalorienträger in den Brei gerührt werden. Allerdings besitzt sie nur wenig wertvolle ungesättigte Fettsäuren (siehe auch Exkurs S. 113).

Der englische Frühstücksklassiker
Bananen-Porridge

Für 2–3 Portionen
⊘ 15 Min.

250 ml Vollmilch • 250 ml Wasser • 250 g zart schmelzende Haferflocken • 1 reife Banane • 1 TL Kakaopulver ohne Zuckerzusatz

● Milch, Wasser und Haferflocken in einem kleinen Topf zum Kochen bringen. Unter gelegentlichem Rühren so lange köcheln lassen, bis der Haferbrei die gewünschte Konsistenz hat.

● Die Banane schälen, mit der Gabel zerdrücken und zusammen mit dem Kakao unter den Haferbrei mischen.

Tipp Auch lecker mit Himbeeren oder anderem weichem Obst. Wem es nicht süß genug ist, der rührt noch etwas Zucker oder Ahornsirup darunter.

Ein prima Eisenlieferant
Minziges Kichererbsenmus

Für 2–3 Portionen
⊘ 10 Min.

100 g Kichererbsen (aus der Dose) • 2 EL Vollmilch-Naturjoghurt • ½ EL gehackte frische Minze • ½ Salatgurke • 3–4 Kirschtomaten

● Kichererbsen in einem Sieb abgießen und abbrausen. Zusammen mit dem Joghurt und der Minze mit einer Gabel fein zerdrücken.

● Die Gurke schälen und die Tomaten waschen. Je nach Alter und Geschicklichkeit des Kindes die Gurken in Streifen schneiden, die Tomaten vierteln und den Aufstrich als Dip für Gurkenstreifen, Tomatenviertel und Brot servieren. Oder Tomaten und Gurken in feine Stückchen schneiden und unter das Kichererbsenmus mischen.

Das passt dazu In Streifen geschnittenes und getoastetes Pitabrot, entweder zum Dippen oder als Unterlage für den Aufstrich

Eisenreicher Brotaufstrich

Falsche Leberwurst

Vegan
Für 1 Glas mit etwa 300 g
⊘ 50 Min.

100 g Berglinsen (oder andere braune
Linsen) • ½ unbehandelte Zitrone •
1 EL Sonnenblumenkerne • ½ Zwiebel •
2 Knoblauchzehen • 1 EL Rapsöl • 2 TL
Mandelmus • 1 TL Majoran • ½ TL Paprikapulver • 1 Msp. gemahlener Piment •
1 Msp. gemahlene Muskatnuss • Pfeffer •
Jodsalz

● Linsen nach Packungsanweisung etwa
40 Min. weich kochen. Dann in ein Sieb
abgießen und abtropfen lassen. Die
Zitrone auspressen.

● Sonnenblumenkerne in einer Pfanne
ohne Fett rösten, bis sie zu duften beginnen. Zwiebel und Knoblauch schälen
und würfeln. Zwiebeln etwa 5 Min. im
Öl glasig dünsten, dann den Knoblauch
für 2–3 Min. zugeben.

● Linsen, geröstete Sonnenblumenkerne, Zwiebeln und Knoblauch mit dem
Öl aus der Pfanne sowie Mandelmus,
Gewürzen und Zitronensaft fein pürieren. Wenn nötig, noch etwas Wasser
zugeben.

Tipp Die falsche Leberwurst ist im Kühlschrank 4–5 Tage haltbar.

Vorsicht bei empfindlicher Verdauung!

Avocado-Tomaten-Aufstrich

Vegan
Für 2–3 Portionen
⊘ 15 Min.

1 Avocado • 1 Tomate • ½ rote Zwiebel •
2 Korianderstängel • Jodsalz • 1 TL Rapsöl

● Die Avocado halbieren, den Kern
entfernen, das Fruchtfleisch mit einem
Löffel herauslöffeln und mit einer Gabel
fein zerdrücken.

● Die Tomate mit kochendem Wasser
überbrühen, kurz stehen lassen und
dann die Haut abziehen. Das Fruchtfleisch fein hacken. Die Zwiebel schälen
und ebenfalls fein hacken. Den Koriander waschen und die Blättchen in feine
Streifen schneiden.

● Alles miteinander mit wenig Salz verrühren und das Öl daruntermischen.

Mit vielen guten Nährstoffen

Orangen-Aprikosen-Aufstrich

Vegan
Für 1 Glas mit ca. 250 g
⊙ 20 Min. + 8–10 Stunden Einweichzeit

1 unbehandelte Orange • 150 g getrocknete ungeschwefelte Softaprikosen • 75 g ganze Mandeln • 1½ EL Honig oder Ahornsirup

● Orange mit heißem Wasser abwaschen, trocken reiben und etwa 1 TL Schale fein abreiben. Die Frucht auspressen und den Saft zusammen mit der Schale in eine Schüssel geben.

● Die Aprikosen in Stücke schneiden, mit dem Orangensaft mischen und zugedeckt 8–10 Stunden einweichen.

● Die Mandeln mit kochendem Wasser übergießen und einige Minuten stehen lassen. Dann mit den Händen aus den Schalen drücken (Vorsicht, noch heiß!).

● Die geschälten Mandeln mit Honig oder Ahornsirup, Aprikosen und der Einweichflüssigkeit pürieren. Der Aufstrich hält sich 2 Wochen in einem geschlossenen Gefäß im Kühlschrank.

Tipp Getrocknete Aprikosen strotzen vor Eisen, Magnesium und vielen Vitaminen. Die Mandeln liefern dazu noch gute Omega-3-Fettsäuren.

Auch Eltern können kaum widerstehen!

Himbeerbutter

Für 6 Portionen
⊙ 10 Min. + 30 Minuten Stehzeit

60 g Butter • 50 g frische oder TK-Himbeeren • 1 EL Honig • 60 g Frischkäse • 1 Prise gemahlene Vanille

● Die Butter 30 Minuten vor der Zubereitung aus dem Kühlschrank nehmen und weich werden lassen.

● Für kleinere Kinder die Himbeeren durch ein Sieb streichen, größere stören sich nicht an den kleinen Körnchen. Die Himbeeren (oder das Himbeermus) mit dem Honig zusammen pürieren. Himbeerpüree, Frischkäse und Vanille unter die Butter rühren. Im Kühlschrank aufbewahrt hält sich die Butter 4–5 Tage.

●▸ Himbeerbutter

Mit kräftigem Geschmack

Gemüsesuppe mit Grünkernklößchen

Für 2–3 Portionen
⏱ 45 Min.

1 EL Butter • 30 ml Vollmilch • 30 ml Wasser • Jodsalz • Pfeffer • frisch geriebene Muskatnuss • 40 g Grünkernmehl • 1 Ei • 1 kleine Möhre • ½ Pastinake • 50 g Knollensellerie • ½ Lauchstange • 500 ml Gemüsebrühe

● Für die Klößchen die Butter schmelzen. Milch, Wasser, Salz, Pfeffer und Muskat dazugeben und aufkochen.

● Das Grünkernmehl in die kochende Flüssigkeit rühren und so lange weiterrühren, bis sich ein Kloß bildet. Den Teig abkühlen lassen, dann das Ei einrühren.

● Möhren, Pastinaken und Sellerie schälen, Lauch waschen. Den Lauch in dünne Ringe, das restliche Gemüse in feine Streifen schneiden. Alles in der Gemüsebrühe aufkochen lassen, dann die Temperatur reduzieren und 5 Min. leicht köcheln lassen.

● Mit zwei Teelöffeln kleine Klößchen aus dem Teig abstechen und in der leicht köchelnden Brühe etwa 10 Min. garen.

Tipp Die Klößchen lassen sich gut einfrieren.

Eintopfklassiker, der immer schmeckt

Weiße-Bohnen-Eintopf

Vegan
Für 2–3 Portionen
⏱ 45 Min.

200 g Möhren • 50 g Staudensellerie • 1 kleine Lauchstange • 1 Knoblauchzehe • einige Petersilienstängel • etwas Schnittlauch • 1 EL Rapsöl • 1 Dose weiße Bohnen (Abtropfgewicht 250 g) • 400 ml Gemüsebrühe • Jodsalz • Pfeffer

● Möhren schälen und in Scheiben schneiden. Sellerie putzen und klein würfeln. Lauch waschen und in Ringe schneiden. Knoblauch schälen und fein hacken. Petersilie fein hacken. Schnittlauch in Röllchen schneiden.

● Das Öl in einem Topf erhitzen. Zwiebel, Möhren, Lauch, Sellerie und Knoblauch darin andünsten. Die Bohnen durch ein Sieb abgießen, abtropfen lassen und zufügen. Mit der Brühe ablöschen. Alles aufkochen und zugedeckt bei schwacher Hitze etwa 15 Min. garen.

● Dann die Kräuter unterrühren und mit Salz und Pfeffer abschmecken – für die Elternportion kräftiger.

❯❯ Gemüsesuppe mit Grünkernklößchen

Auch was fürs Auge!

Rote-Bete-Apfel-Suppe

Für 2–3 Portionen
⊘ 35 Min.

- 1 kleine Zwiebel
- 1 Stange Staudensellerie mit Grün
- 1 säuerlicher Apfel
- 1 EL Rapsöl

- ½ TL getrockneter Thymian
- 400 ml Gemüsebrühe
- 2 EL Zitronensaft

- 250 g vorgegarte Rote Bete (vakuumverpackt)
- 75 g Schmand
- Jodsalz
- Pfeffer

● Zwiebel schälen und fein würfeln. Sellerie putzen und grob würfeln. Selleriegrün aufbewahren. Apfel entkernen und die Hälfte grob würfeln.

● Öl in einem Topf erhitzen. Die Zwiebel bei mittlerer Hitze glasig dünsten. Thymian, Sellerie- und Apfelwürfel zugeben und kurz mitdünsten. Mit der Brühe ablöschen, zugedeckt aufkochen lassen und 10 Min. bei milder Hitze kochen.

● Restlichen Apfel und Selleriestange in sehr kleine Würfel schneiden und mit 1 TL Zitronensaft mischen. Sellerieblätter hacken und untermischen.

● Rote Bete grob würfeln und 5 Min. in der Suppe mitkochen. Dann sehr fein pürieren und den Schmand unterrühren. Mit dem restlichen Zitronensaft, Salz und Pfeffer würzen und mit der Apfel-Sellerie-Mischung bestreut servieren.

Tipp Lassen Sie die Apfel-Sellerie-Mischung bei der Kinderportion weg. Vielleicht ist das Kind mit den festen Stücken in der Suppe noch überfordert.

Würzig und schön cremig

Brokkoli-Möhren-Cremesuppe

Für 2–3 Portionen
⊘ 30 Min.

1 Zwiebel • 1 mittelgroße Möhre • 1 große
Kartoffel • 250 g Brokkoli • 1 EL Rapsöl •
½ TL Curry • Jodsalz • Pfeffer • 400 ml
Gemüsebrühe • 125 ml Vollmilch • ½ EL
Schmand

● Zwiebel, Möhre und Kartoffel schälen
und fein würfeln. Brokkoli waschen und
in Röschen teilen. Den Strunk schälen
und ebenfalls sehr klein schneiden.

● Das Öl in einem Topf erhitzen, die
Zwiebel darin glasig dünsten und mit
dem Curry bestäuben.

● Kartoffel und Möhre zugeben und
kurz mit anbraten. Leicht salzen und
pfeffern. Mit der Brühe ablöschen und
die Milch zugeben. Brokkoli ebenfalls zugeben und etwa 15 Min. köcheln lassen.
Zum Schluss den Schmand unterrühren
und alles fein pürieren.

Variante Die Eltern dürfen noch geriebenen Käse in die Suppe rühren und geröstete Mandelblättchen darüberstreu-
en, nachsalzen und gut pfeffern.

Tipp Wer möchte, nimmt vor dem Pürieren ein paar Brokkoliröschen heraus
und gibt sie danach wieder in die Suppe.

Gesund und fröhlich orange

Kürbis-Möhren-Suppe

Für 2–3 Portionen
⊘ 20 Min.

250 g Hokkaidokürbis • 1 große Möhre •
½ Zwiebel • ½ TL Rapsöl • 400 ml Gemüsesuppe • 2–3 EL Sahne • 1 Prise frisch
geriebene Muskatnuss • Jodsalz • Pfeffer

● Den Kürbis und die Möhre schälen,
die Kerne aus dem Kürbis entfernen
und das Fruchtfleisch in kleine Würfel
schneiden. Die Möhre ebenfalls würfeln.
Die Zwiebel schälen und fein hacken.

● Das Rapsöl in einen Topf erhitzen und
die Zwiebel darin glasig dünsten. Dann
die Kürbis- und Möhrenwürfel dazugeben und kurz mitdünsten.

● Mit der Gemüsebrühe ablöschen, kurz
aufkochen und bei geringer Hitze zugedeckt weich kochen.

● Anschließend fein pürieren und die
Sahne unterrühren. Danach die Suppe
vorsichtig mit Muskat, Salz und Pfeffer
abschmecken.

Tipp Getoppt mit etwas Kürbiskernöl
und ein paar gerösteten Kürbiskernen
(Letztere aber nur für die Eltern) gibt's
noch viele Omega-3-Fettsäuren dazu!

Erfrischt im Sommer

Tabouleh

Vegan
Für 2–3 Portionen
⏲ 25 Min. + 15 Min. Ziehzeit

450 ml Gemüsebrühe • 150 g Bulgur •
3 Tomaten • ½ Salatgurke • 1 großes Bund
Petersilie • Saft von 1 Zitrone • 2 EL Olivenöl • Jodsalz • 1 Msp. Kreuzkümmel

● Die Gemüsebrühe zum Kochen bringen, den Bulgur hineinrühren und 2 Min.
köcheln lassen. Dann die Platte abschal-
ten und den Bulgur noch 15–20 Min.
quellen lassen.

● Die Tomaten waschen und in kleine
Würfel schneiden. Die Gurke schälen
und ebenfalls in Würfel schneiden. Die
Petersilie waschen und fein hacken.

● Aus Zitronensaft, Olivenöl, etwas Jodsalz und Kreuzkümmel eine Marinade
anrühren.

● Den Bulgur mit Petersilie, Tomate,
Gurke und der Marinade gut vermischen
und mindestens 15 Min. ziehen lassen.

Tipp Die Eltern feuern mit etwas
Cayennepfeffer nach. Nach Wunsch
passt auch etwas gehackte frische Minze
hinein – die dürfen die Kleinen natürlich
auch gerne probieren.

Macht richtig schön satt!

Bohnen-Tomaten-Salat

Vegan
Für 2–3 Portionen
⏲ 15 Min. + 1 Std. Ziehzeit

1 Dose weiße Bohnen (Abtropfgewicht
250 g) • 1 rote Zwiebel • 1 Knoblauchzehe •
2 EL Essig • 1 EL Zitronensaft • Jodsalz •
Pfeffer • 2 EL Rapsöl • 4 Tomaten • einige
Salbeiblättchen

● Die Bohnen in einem Sieb abgießen,
abspülen und abtropfen lassen. Die
Zwiebel schälen und fein hacken. Mit
den Bohnen mischen.

● Den Knoblauch schälen und durch-
pressen. Mit Essig, Zitronensaft, etwas
Salz und Pfeffer verrühren. Dann das Öl
unterschlagen.

● Das Dressing mit den Bohnen vermischen und mindestens 1 Stunde ziehen
lassen.

● In der Zwischenzeit die Tomaten waschen und würfeln. Die Salbeiblättchen
in Streifen schneiden. Beides unter den
Salat heben.

Tipp Falls Ihr Kind zu Blähungen neigt,
sollten Sie mit diesem Salat vorsichtig
sein.

Mit Omega-3-Fettsäuren und Eisen

Gurken-Avocado-Salat

Vegan
Für 2–3 Portionen
⊘ 25 Min. + 20 Min. Ziehzeit

250 g Salatgurke • Jodsalz • 2 TL Sesam •
2 Basilikumstängel • 2 EL Weißweinessig •
½ TL flüssiger Honig oder Ahornsirup •
3 EL Sesamöl • Pfeffer • ½ Avocado

● Die Gurke waschen, längs halbieren und die Kerne mit einem Löffel auskratzen. In 1 cm große Würfel schneiden, mit ½ TL Salz vermengen und etwa 20 Min. durchziehen lassen.

● Den Sesam in einer Pfanne ohne Fett rösten. Das Basilikum fein hacken und mit Essig, Honig oder Ahornsirup und Sesamöl glatt rühren. Mit wenig Salz und Pfeffer würzen.

● Das Avocado-Fruchtfleisch aus der Schale lösen und in 1 cm große Würfel schneiden. Avocado mit dem Dressing vermengen.

● Gurkenwürfel mit Küchenpapier abtupfen und untermischen. Mit geröstetem Sesam bestreut servieren.

Tipp Wenn Sie kein Sesamöl zur Hand haben, geht auch Rapsöl.

Pikant, würzig und leicht orientalisch

Walnuss-Kichererbsen-Salat

Für 2–3 Portionen
⊘ 45 Min.

1 Dose Kichererbsen (240 g Abtropfgewicht) • 1 Möhre • 2 Knoblauchzehen •
2 Lorbeerblätter • 50 g Walnusskerne •
1 TL Rapsöl • 1 rote Zwiebel • 75 g Kirschtomaten • 1 Bund Koriander • 2 TL Curry •
100 g Vollmilch-Naturjoghurt • Saft von
1 Limette • Jodsalz • Pfeffer

● Die Kichererbsen in einem Sieb abspülen und abtropfen lassen. Möhre und Knoblauch schälen und fein würfeln.

● Kichererbsen, Möhre, Knoblauch und Lorbeerblätter in einen Topf geben und mit Wasser bedecken. Aufkochen, Temperatur reduzieren und etwa 30 Min. köcheln lassen. Die Kichererbsen im Topf abkühlen lassen. Abgießen und die Lorbeerblätter herausnehmen.

● Die Walnüsse hacken. Das Rapsöl in einer Pfanne erhitzen und die Nüsse wenige Sekunden darin anrösten. Dann die Zwiebel schälen und fein würfeln. Die Tomaten waschen und vierteln. Alles unter die Kichererbsen heben.

● Die Korianderblätter waschen, hacken und mit Joghurt und Limettensaft verrühren. Mit Salz und Pfeffer würzen und mit den Kichererbsen mischen.

Fette und Öle

Sparen Sie nicht an gesunden Ölen, denn sie enthalten Kalorien und Fettsäuren, die Babys und Kleinkinder für eine gesunde Entwicklung brauchen.

Öl bereichert das Essen mit Kalorien, die Ihr Kind für sein enormes Wachstum unbedingt braucht. Alle Fachgesellschaften empfehlen deshalb: In den Brei gehört ein Löffel Öl. Aber nicht nur im Brei ist Öl wichtig, sondern auch in der festen Nahrung. Neben den Kalorien ist der hohe Gehalt an Omega-6- und Omega-3-Fettsäuren hervorzuheben, der für die Entwicklung ganz wichtig ist. Ein Verhältnis dieser beiden Fettsäuren von 5:1 wird als ideal angesehen.

Wichtig

Wählen Sie unbedingt raffinierte Öle, keine kalt gepressten. Kalt gepresste Öle könnten Schwermetalle oder Pilzgifte enthalten, die kleine Kinder belasten können. Durch die Raffinadebehandlung werden diese Giftstoffe entfernt.

Rapsöl. Dieses Öl wird besonders für die Babyernährung empfohlen, denn es hat einen hohen Gehalt an Omega-3-Fettsäuren. Sein Verhältnis von Omega-6- zu Omega-3-Fettsäuren liegt bei 2:1. Es ist damit gut geeignet, das meist bestehende Missverhältnis der beiden Fettsäuren in der Ernährung etwas geradezurücken. Natürlich auch nach der Breizeit!

Leinöl. Öl aus Leinsamen hat einen extrem hohen Gehalt an Alpha-Linolensäure, einer Omega-3-Fettsäure. Übertreiben Sie deshalb nicht und verwenden Sie dieses Öl nur ab und zu in kleine Mengen. Es ist leicht verderblich und muss daher schnell verbraucht werden. Zum Kochen ist es nicht geeignet, denn es ist nicht hitzestabil. Wählen sie mildes Öl, dem der herbe Geschmack entzogen wurde, der vor allem Babys nicht unbedingt zusagt.

Walnussöl. Dieses Öl hat den höchsten Gehalt an ungesättigten Fettsäuren, so-

wohl Omega-3 als auch Omega-6. Es darf aber nicht erhitzt werden und ist leicht verderblich. Es schmeckt lecker kräftig-nussig. Nicht zu häufig verwenden, sondern nur hin und wieder genießen.

Sonnenblumenöl. Das Öl enthält zwar sehr viele ungesättigte Fettsäuren, allerdings in einem sehr ungünstigen Verhältnis: 126-mal mehr Omega-6- als Omega-3 Fettsäuren. Verwenden Sie es deshalb seltener.

Olivenöl. Das beliebte Öl ist für kalte Zubereitungen geeignet, aber auch zum Kochen, und wegen seines Geschmacks sehr beliebt. Doch in Punkto Omega-3-Fettsäuren gibt es leider Minuspunkte. Für die Babyernährung ist es deshalb nicht die erste Wahl.

Sojaöl. Dieses preisgünstige Öl wird in Fertiggerichten so häufig eingesetzt, dass es vermutlich für die ungünstige Verschiebung des Verhältnisses von Omega-3- zu Omega-6-Fettsäuren in unserer Ernährung verantwortlich ist. Nur sparsam einsetzen.

Butter und Margarine. Butter kann den Babybrei ebenfalls mit den wichtigen Kalorien anreichern, hat aber nicht so eine gute Fettsäurezusammensetzung wie die genannten Öle. Sie trägt kaum zur Versorgung des Babys mit mehrfach ungesättigten Fettsäuren bei. Vernwenden Sie sie nicht häufig im Brei. Später ist sie aufs Brot aber gut für die Kalorienversorgung. Ziehen Sie immer Butter der Margarine vor, denn viele Margarinesorten besitzen ungesunde gehärtete Fette.

Nicht nur für Käse-Fans
Käsewaffeln

Für etwa 8 Waffeln
🕑 10 Min. + 30 Min. Quellezeit + Ausbackzeit

125 g Vollkorn-Dinkelmehl • 75 g Vollkorn-Roggenmehl • 50 g Grünkernmehl • 1 TL Backpulver • 75 g würziger Hartkäse (Emmentaler oder Guyère) • 2 Eier • 250 ml Vollmilch • etwas Jodsalz • Paprikapulver • etwas Rapsöl

● Die Mehle mit dem Backpulver mischen. Den Käse reiben.

● Mit den restlichen Zutaten (außer Rapsöl) mit einem Schneebesen verrühren und 30 Min. quellen lassen.

● Das Waffeleisen dünn mit Öl bestreichen und nacheinander etwa 8 Waffeln darin backen (je nach Größe des Waffeleisens).

Das passt dazu Salat

Tipp Was übrig bleibt, lässt sich sehr gut einfrieren.

Brauchen weniger Fett
Kartoffelpuffer-Waffeln

Für etwa 8 Waffeln
🕑 15 Min. + Ausbackzeit

500 g mehligkochende Kartoffeln • ½ Zwiebel • 1 Ei • ½ EL blütenzarte oder feine Haferflocken • 1½ EL Vollkorn-Dinkelmehl • etwas Jodsalz • etwas Rapsöl für das Waffeleisen

● Die Kartoffeln schälen und fein reiben. Die Kartoffelraspel in einem Sieb kurz abtropfen lassen und etwas ausdrücken. Die Zwiebel schälen und fein hacken.

● Kartoffeln, Zwiebel, Ei, Haferflocken, Mehl und Salz mit einem Schneebesen zu einem Teig verrühren.

● Das Waffeleisen dünn mit Öl bestreichen und nacheinander etwa 8 Waffeln darin backen (je nach Größe des Waffeleisens).

Das passt dazu Apfelmus

●> Käsewaffeln

Pikant und fruchtig

Pastinaken-Puffer mit Orangen-Dip

Für 8 Stück
⊘ 30 Min.

400 g Pastinaken • 1 Zwiebel • 200 g Voll-milch-Naturjoghurt • 2 Eier • 4 EL blüten-zarte oder feine Haferflocken, evtl. etwas mehr • Jodsalz • frisch geriebene Muskat-nuss • 1 kleine unbehandelte Orange • 4 EL Rapsöl

● Pastinaken schälen und fein raspeln. Zwiebel schälen und fein hacken.

● 3 EL Joghurt, Eier und Haferflocken verrühren. Mit etwas Salz und Muskat würzen. Pastinaken und Zwiebel unter-rühren.

● Orange heiß waschen und die Schale abreiben. Orange schälen und filetieren, dabei den Saft auffangen. Orangenfilets und -schale mit dem Saft zum restlichen Joghurt geben und alles gut verrühren. Mit Salz abschmecken.

● Aus der Pastinaken-Joghurt-Masse mit angefeuchteten Händen 8 Puffer formen. Wenn der Teig sehr weich ist, noch mehr Haferflocken untermischen.

● Öl in einer großen Pfanne erhitzen und die Puffer darin von beiden Seiten bei schwacher Hitze braten. Heiß mit dem Joghurt-Dip servieren.

Viel hochwertiges Eiweiß und Eisen

Linsen-Brokkoli-Puffer

Vegan
Für etwa 15 Stück
⊘ 35 Min. + Abkühlzeit

200 g Brokkoli • Jodsalz • 75 g rote Linsen • ½ Apfel • 75 g blütenzarte oder feine Haferflocken • ½ EL gehackte Petersilie • 3 EL Rapsöl

● Brokkoli waschen, in Röschen teilen und etwa 15 Min. in etwas Salzwasser weich dünsten. Die Linsen etwa 10 Min. in etwa der doppelten Menge Wasser weich kochen. Beides abkühlen lassen. Den Apfel waschen, das Kerngehäuse entfernen und das Fruchtfleisch in grobe Stücke schneiden.

● 2 EL der Haferflocken mit dem Brok-koli und dem Apfel pürieren. Zusammen mit den restlichen Haferflocken zu den Linsen geben. Gründlich vermischen und etwa 10 Min. quellen lassen. Die Petersi-lie untermischen.

● Mit angefeuchteten Händen kleine Bratlinge formen. Das Öl in einer Pfanne erhitzen und die Bratlinge bei schwacher Hitze in wenig Öl ausbacken.

❯❯ Pastinaken-Puffer mit Orangen-Dip

Das mögen schon die ganz Kleinen

Easy-peasy Möhrenpuffer

Vegan
Für 2–3 Portionen
⊘ 30 Min.

400 g Möhren • 3 EL Dinkel-Vollkornmehl • etwas Jodsalz • Rapsöl zum Backen

● Die Möhren putzen und fein raspeln. Mit Mehl, Salz und eventuell wenig Wasser zu einem glatten Teig verarbeiten.

● Mit angefeuchteten Händen kleine flache Bratlinge formen. Das Rapsöl in einer Pfanne erhitzen. Die Bratlinge bei mittlere Hitze etwa 15 Min. von beiden Seiten braten, ohne dass eine braune Kruste entsteht.

Tipp Für die Eltern kann mit etwas Kreuzkümmel und Koriander gewürzt werden, das mögen auch manche Kinder schon. Dazu schmeckt den Eltern Spiegelei.

Ein süßes Hauptgericht

Apfelmüsli-Puffer

Für 2–3 Portionen
⊘ 40 Min.

2 kleine Eier • 125 g Magerquark • 1 EL Honig • 100 g Haferflockenmüsli mit Trockenfrüchten • 25 g gemahlene Haselnüsse • 300 g säuerliche Äpfel • 1 EL Zitronensaft • evtl. 2–3 EL Vollkorn-Dinkelgrieß nach Bedarf • 2–3 EL Rapsöl

● Die Eier schaumig schlagen. Quark und Honig zugeben und cremig rühren. Müsli und Nüsse unterrühren. Den Teig etwa 20 Min. quellen lassen.

● Die Äpfel grob raspeln und mit dem Zitronensaft mischen. Äpfel in den Teig rühren. Wenn der Teig zu weich ist, mit etwas Grieß verrühren.

● Das Öl in einer Pfanne erhitzen. Den Teig esslöffelweise darin goldgelb und knusprig braten. Auf Küchenpapier abtropfen lassen.

Das passt dazu Zimt und Zucker, Apfelmus oder Joghurt

Tipp Weil in den Bratlingen mit Quark und Ei recht viel Eiweiß enthalten ist, das die Nieren ganz kleiner Kinder noch nicht verarbeiten können, bereiten Sie dieses Gericht nur für etwas ältere Kleinkinder zu.

Viele Vitamine und Mineralstoffe

Kichererbsen-Bratlinge

Für 2–3 Portionen
⊘ 30 Min.

1 Dose Kichererbsen (240 g Abtropfgewicht) • 50 ml Gemüsebrühe • 1 Ei • 3–4 EL Olivenöl • mind. 2–3 EL Semmelbrösel • 1 EL Dinkel-Vollkornmehl • 1 Knoblauchzehe • einige Petersilienstängel • etwas Jodsalz • evtl. 1 Msp. Kreuzkümmel

● Kichererbsen abtropfen lassen und mit der Gemüsebrühe pürieren. Die Masse darf noch etwas stückig sein. Das Ei hinzufügen. 1–2 EL Olivenöl, Semmelbrösel und Vollkornmehl unterarbeiten.

● Knoblauch schälen und fein hacken. Petersilie waschen und fein hacken. Beides zum Teig geben und leicht salzen. Wenn die Masse zu weich ist, noch etwas Semmelbrösel zufügen.

● Den Teig mit angefeuchteten Händen zu Bratlingen formen. Das restliche Öl erhitzen und die Bratlinge bei mittlerer Hitze von beiden Seiten braten, aber nicht sehr knusprig werden lassen.

Tipp Wagemutige Kleinkinder dürfen hier auch schon Gewürze wie Kreuzkümmel ausprobieren. Dann schmeckt's auch den Eltern noch besser.

Mit hochwertigem Eiweiß

Kartoffelplätzchen mit Möhren-Mandelmus

Für 2–3 Portionen
⊘ 30 Min. + Abkühlzeit

500 g festkochende Kartoffeln • Jodsalz • 1 Ei • mindestens 40 g Dinkelmehl (Type 630) und etwas zum Formen • 1 TL gehackte Petersilie • Rapsöl zum Braten • 250 g Möhren • 60 ml Gemüsebrühe • 2 EL Mandelmus

● Kartoffeln abbürsten und mit Schale etwa 20 Min. in Salzwasser kochen. Abkühlen lassen, schälen und durch die Kartoffelpresse drücken. Mit dem verquirlten Ei, Mehl und Petersilie verrühren. Ist der Teig noch nicht formbar, etwas Mehl hinzufügen.

● Mit gut bemehlten Händen kleine Küchlein formen. Das Öl in einer Pfanne erhitzen und die Küchlein bei mittlerer Hitze von beiden Seiten leicht knusprig ausbacken. Auf Küchenpapier kurz abtropfen lassen.

● Die Möhren schälen und in Würfel schneiden. In der Brühe etwa 10 Min. weich garen. Dann pürieren, mit dem Mandelmus vermischen und zu den Kartoffelplätzchen servieren.

Hülsenfrüchte

Hülsenfrüchte enthalten ganz viel Eisen. Deshalb dürfen sie ab dem 1. Lebensjahr gerne mehrmals in der Woche auf dem Speiseplan stehen.

Aber heißt es nicht: Jedes Böhnchen gibt ein Tönchen? Na klar, das ist auch so. Und deshalb wollen wir sie den ganz Kleinen (und auch uns selbst!) nicht zumuten, zumal Babys noch ein besonders empfindliches Verdauungssystem haben, das nur allmählich mit anspruchsvolleren Lebensmitteln konfrontiert werden sollte.

Ernährungsgewohnheiten in anderen Ländern zeigen übrigens, dass es auch früher geht. In Indien beispielsweise bekommen auch Babys schon pürierte Kichererbsen, Linsen und Bohnen. Wenn Sie es auch früher wagen wollen, dann starten Sie mit gekochten und pürierten roten Linsen, die am besten verträglich sind.

Kichererbsen. Ihr hoher Gehalt an Eisen, Kalzium und Eiweiß macht sie ganz besonders interessant in der Veggie-Küche. Und den milden, aber feinen Geschmack mögen viele Kinder gern. Toll und lecker mit Sesam als Humus.

Rote Linsen sind in kürzester Zeit gar und müssen vor dem Kochen auch nicht eingeweicht werden – ideal also für die schnelle Küche. Außerdem haben sie tolle Nährwerte, sodass sie gerne öfter auf den Tisch kommen dürfen. In der Kombination mit Ei oder Milch wird ihr Eiweiß so wertvoll wie das von Fleisch.

Tipps gegen Blähungen

- Das Kochwasser von getrockneten Hülsenfrüchten immer wegschütten, denn darin befinden sich die meisten blähungsfördernden Stoffe.
- Hülsenfrüchte mit Fenchel, Anis, Koriander, Kreuzkümmel, Kümmel, Ingwer und Petersilie würzen – das dämpft den blähenden Effekt.

Braune und schwarze Linsen. Berglinsen, Du-Puy-Linsen, Champagnerlinsen, Tellerlinsen, Kaviarlinsen – es gibt unzählige Sorten. Deshalb gibt es viel zu entdecken, denn jede schmeckt etwas anders und braucht unterschiedlich lange zum Garen. Aber alle besitzen Eisen, B-Vitamine und Kohlenhydrate sowie viel hochwertiges Eiweiß, das in der Kombination mit Ei oder Milch noch besser wird.

Bohnen. Wie bei Linsen gibt es auch bei getrockneten Bohnen eine Menge Sorten zu entdecken, und jede schmeckt wieder etwas anders. Kidneybohnen, Dicke Bohnen, Feuerbohnen, Borlottibohnen usw. müssen eingeweicht und teilweise recht lange gekocht werden, bis sie weich sind. Sie besitzen viel Eiweiß, das in der Kombination mit Mais ganz besonders hochwertig ist.

Sojabohnen und Produkte aus ihnen stehen in der Kritik, weil ihre Isoflavone eine ähnliche Wirkung haben wie Sexualhormone. Das kann den kleinen Baby-Organismus schnell aus dem Gleichgewicht bringen und ist vor allem dann problematisch, wenn Sojamilch generell als Kuhmilchersatz verwendet wird. Ab dem zweiten Lebensjahr sind Produkte aus Soja, wie Tofu und die Bohne selbst, aber hin und wieder erlaubt und sogar gesund, denn die Bohne hat einen phänomenalen Eiweißgehalt, der noch besser als bei Fleisch ist.

Tolle Beilage zu Gemüse
Parmesan-Reis-plätzchen

Für 2–3 Portionen
⏱ 1 Std.

250 g Vollkorn-Rundkornreis • 600 ml Wasser • Jodsalz • 2 Schalotten • 75 g Parmesan • 2 Eier • 50–75 g Semmelbrösel • 1 Bund Schnittlauch • Pfeffer • 4 EL Rapsöl

● Den Reis in leicht gesalzenem Wasser zum Kochen bringen und im geschlossenen Topf bei schwacher Hitze nach Packungsanweisung etwa 45 Min. quellen lassen. Abkühlen lassen.

● Schalotten schälen und fein würfeln. Den Käse reiben. Den abgekühlten Reis damit vermischen und die Eier einzeln unterrühren. So viel Semmelbrösel hinzufügen, bis die Masse gut formbar ist.

● Schnittlauch waschen und in Röllchen schneiden. Zu der Reismasse geben und mit etwas Salz und Pfeffer abschmecken. Pflaumengroße Plätzchen formen.

● Das Öl in einer Pfanne erhitzen und die Plätzchen darin bei mittlerer Hitze von beiden Seiten je 1–2 Min. goldbraun braten.

Tipp Prima zur Resteverwertung von gekochtem Vollkornreis. Oder Sie kochen den Reis am Vortag, dann geht's ganz schnell.

Schnitzel aus Gemüse – mit viel Eisen
Rote-Bete-Schnitzel

Für 2–3 Portionen
⏱ 25 Min.

2–3 vorgegarte Rote Bete (vakuumverpackt) • 2 große Eier • 75 g Emmentaler • Jodsalz • Pfeffer • 3–4 EL Dinkelmehl (Type 630) • 2 EL Butterschmalz

● Die Rote-Bete in 1 cm dicke Scheiben schneiden.

● Die Eier in einem tiefen Teller verquirlen. Den Emmentaler reiben und mit den Eiern vermischen, leicht salzen und pfeffern. Das Mehl in einen tiefen Teller geben.

● Das Butterschmalz in einer beschichteten Pfanne erhitzen. Die Rote-Bete-Scheiben im Mehl wenden und überschüssiges Mehl abklopfen. Dann die Scheiben durch die Eimischung ziehen und sofort im heißen Fett bei mittlerer Hitze von jeder Seite 3–4 Min. hellbraun braten. Kurz auf Küchenpapier abtropfen lassen.

Tipp Servieren Sie dazu etwas Orangensaft, um die Eisenverwertung zu verbessern.

Mit zwei Käsesorten
Doppeldecker-Gratin

Für 2–3 Portionen
⏱ 25 Min. + 20 Min. Backzeit

250 g festkochende Kartoffeln • 100 ml Vollmilch • 3 EL Sahne • 1 Knoblauchzehe • etwas Thymian • etwas Butter für die Form • 2 EL geriebener Parmesan • 2 EL geriebener Gouda

● Den Ofen auf 180 °C vorheizen. Die Kartoffeln schälen und in ½ cm dicke Scheiben schneiden.

● Milch und Sahne zusammen aufkochen. Knoblauch schälen und fein hacken. Zusammen mit Kartoffeln und Thymian zu Milch und Sahne geben und die Hitze reduzieren.

● 10–15 Min. köcheln, bis die Kartoffeln gar sind. Die Kartoffeln herausnehmen und die Kochflüssigkeit aufbewahren.

● Eine kleine ofenfeste Form mit etwas Butter fetten und mit der Hälfte der Kartoffeln auslegen. Mit jeweils der Hälfte des Parmesans und des Goudas bestreuen. Die restlichen Kartoffeln darüberschichten und den restlichen Käse daraufstreuen.

● Die Kochflüssigkeit darübergießen und 15–20 Min. überbacken.

Gemüse unter knuspriger Kruste
Kartoffeliges Gemüsegratin

Für 2–3 Portionen
⏱ 30 Min. + 30 Min. Backzeit

250 g Kartoffeln • 150 g Kohlrabi • 100 g Möhren • 75 g TK-Erbsen • Jodsalz • ½ Bund glatte Petersilie • Fett für die Form • 50 ml Gemüsebrühe • 100 g Parmesan • 2 EL Semmelbrösel

● Kartoffeln waschen und ungeschält 20–30 Min. kochen. Abgießen, kurz abdampfen lassen, die Schale abziehen und in Spalten schneiden.

● Kohlrabi und Möhren schälen und in grobe Stücke schneiden. Zusammen mit den Erbsen in Salzwasser 5–8 Min. bissfest kochen. Den Backofen auf 200 °C vorheizen.

● Das Gemüse abgießen und abtropfen lassen. Die Petersilie waschen, trocken schütteln und die Blättchen hacken.

● Kartoffeln mit Gemüse und Petersilie mischen, in einer gefetteten, ofenfesten Form verteilen und die Gemüsebrühe dazugießen. Den Käse fein reiben, mit den Semmelbröseln vermischen und auf das Gratin streuen. 20–30 Min. im Ofen überbacken.

Mit viel Eisen aus Sesam und Erbsen

Erbsenpfannkuchen

Für 2 Stück
⊘ 25 Min. + 10 Min. Ruhezeit

- 2 Eier
- 100 g Vollkorn-Dinkel-mehl
- 200 ml Buttermilch
- 2 TL Rapsöl
- Jodsalz
- 3 TL Sesam
- 300 g frische Erbsen (ohne Schoten gewogen)
- 4 TL Butter
- etwas kohlensäurehalti-ges Mineralwasser
- 4 EL Crème fraîche

● Die Eier mit dem Vollkornmehl ver-quirlen. Nach und nach Buttermilch, Öl, wenig Salz und den Sesam unterrühren. Den Teig 10 Min. ruhen lassen.

● Die Erbsen aus den Schoten pulen. In einer beschichteten Pfanne 1 TL Butter zerlassen, die Hälfte der Erbsen in der Pfanne verteilen und bei mittlerer Temperatur ganz kurz dünsten.

● Den Teig mit einem Schuss Mineral-wasser verrühren und die Hälfte davon auf den Erbsen verteilen, den Deckel auf die Pfanne legen und den Pfannkuchen 1–2 Min. goldbraun backen. Pfannkuchen auf den Deckel gleiten lassen, wieder 1 TL Butter in der Pfanne zerlassen und den Pfannkuchen auf der anderen Seite backen. Den zweiten Pfannkuchen ge-nauso backen.

● Beide Pfannkuchen mit Crème fraîche bestreichen und sofort servieren.

Tipp Wenn Sie keine frischen Erbsen be-kommen, dann tauen Sie Tiefkühl-Erbsen im Kühlschrank über Nacht auf, tupfen sie, wenn nötig, mit Küchenpapier tro-cken und verwenden sie wie im Rezept angegeben.

❥ Erbsenpfannkuchen

Lecker knusprig im Ofen überbacken

Hirseschnitten mit Parmesankruste

Für 2–3 Portionen
⊘ 45 Min.

250 g Goldhirse • 1 Lorbeerblatt • 500 ml Gemüsebrühe • 1 EL weiche Butter • Jodsalz • 1 Bund frischer Majoran • 150 g saure Sahne • 250 g Tomatenmark • 2 EL geriebener Parmesan • 2 EL Semmelbrösel • 3 EL Olivenöl und etwas für das Blech

● Die Hirse in einem Sieb unter fließend heißem Wasser waschen, bis das abfließende Wasser nicht mehr milchig ist. Mit dem Lorbeerblatt und der Gemüsebrühe in einen Topf geben und 20 Min. leise köcheln lassen. Dann die Butter unterheben und leicht salzen.

● Den Backofen auf 220 °C vorheizen. Die Majoranblättchen abzupfen. Zusammen mit 125 g saurer Sahne unter die heiße Hirse rühren.

● Die Masse auf einem gefetteten Backblech ausstreichen. Tomatenmark und restliche saure Sahne mischen und auf die Hirse streichen.

● Parmesan und Semmelbrösel mischen und darüberstreuen. Mit Olivenöl beträufeln und 10–15 Min. im Ofen überbacken. Dann in Stücke schneiden.

Das passt dazu Tomatensauce

Prima für die Kita und für unterwegs

Spinatschnecken

Für 18 Stück
⊘ 50 Min.

1 Zwiebel • 1 Knoblauchzehe • 400 g frischer junger Spinat • 2 EL Olivenöl • Jodsalz • Pfeffer • frisch geriebene Muskatnuss • 100 g Gouda • 1 Rolle frischer Blätterteig (275 g)

● Zwiebel und Knoblauch schälen und fein würfeln. Spinat verlesen, waschen und trocken schleudern.

● Olivenöl in einem weiten Topf erhitzen. Zwiebeln und Knoblauch darin glasig dünsten. Spinat zugeben und 5 Min. bei mittlerer Hitze mitdünsten. Mit wenig Salz, Pfeffer und Muskat würzen. Den Gouda grob reiben.

● Den Backofen auf 220 °C vorheizen. Den Spinat und die Hälfte des Käses auf dem Blätterteig verteilen, dabei an den langen Seiten jeweils einen 3 cm breiten Teigrand stehen lassen.

● Den Blätterteig von der langen Seite her fest aufrollen. Die Teigrolle in 18 gleichmäßige Scheiben schneiden und auf ein mit Backpapier ausgelegtes Blech legen. Mit dem restlichen Käse bestreuen. Im Ofen 25–30 Min. backen.

◆ Spinatschnecken

Schnell mal eine Pizza backen ...

Schnelle Mini-Pita-Pizzen

Für 4 Stück
⊘ 20 Minuten

400 g passierte Tomaten (aus der Dose) • ½ TL Pizza-Kräutermischung • 100 g Mozzarella • 4 Mini-Pita-Brote

● Den Backofen auf 180 °C vorheizen.

● Die Tomaten und die Kräuter in einem Topf mischen. Bei mittlerer Hitze etwa 10 Min. kochen, bis die Sauce etwas eindickt.

● Vom Herd nehmen und leicht abkühlen lassen. Dann die Pita-Brote mit der Sauce bestreichen und den Mozzarella daraufgeben.

● Auf ein mit Backpapier ausgelegtes Backblech legen und 10 Min. im Ofen backen, bis der Käse geschmolzen ist.

Tipp Eltern peppen sich die Pizza noch mit Oliven, dünn geschnittenen Paprikastreifen, grünen Peperoni oder anderem auf.

Prima zum Mitnehmen

Pizza-Muffins

Für 12 Stück
⊘ 15 Min. + 30 Min. Backzeit

200 g Magerquark • 75 ml Vollmilch • 2 Eier • 80 ml Rapsöl und etwas für die Form • 50 g Gouda • 200 g Dinkel- oder Weizenmehl • 2 TL Backpulver • 1 Tomate • 1 rote Spitzpaprika • 100 g Mais aus der Dose • Jodsalz • Pfeffer • 2 TL getrockneter Oregano • evtl. 12 Kirschtomaten

● Quark mit Milch, Eiern und Öl verrühren. Den Käse fein reiben. Mehl und Backpulver mischen und mit dem geriebenen Käse unter den Teig rühren.

● Tomate und Paprika waschen und würfeln. Den Mais in einem Sieb unter fließendem Wasser waschen und gut abtropfen lassen. Zusammen mit Tomate und Paprika unter den Teig heben. Mit Salz, Pfeffer und Oregano würzen.

● Den Backofen auf 180 °C vorheizen. Die Mulden der Muffin-Form mit Öl einfetten. Den Teig hineinfüllen und 25–30 Min. backen.

● Die gebackenen Muffins vor dem Lösen aus der Form noch 10 Min. ruhen lassen.

Tipp Bereiten Sie diese Muffins für ältere Kleinkinder zu.

Schmecken kalt und warm

Fenchel-Zucchini-Minipizzen

Für 10 Stück
⊘ 30 Min. + mind. 40 Min. Gehzeit + 25 Min. Backzeit

- 300 g Dinkelmehl
- ½ Würfel Hefe
- 150 ml lauwarmes Wasser
- 1 EL Olivenöl
- Jodsalz

- 200 g passierte Tomaten (aus der Dose)
- 1 TL getrocknete Kräuter der Provence

- 150 g Zucchini
- 150 g Fenchel
- 150 g Gouda

● Das Mehl in eine Schüssel geben und in der Mitte eine Mulde formen. Die Hefe hineinbröckeln und mit 50 ml lauwarmem Wasser vermischen. Den Vorteig an einem warmen Ort abgedeckt 10 Min. gehen lassen.

● Olivenöl, 1 TL Salz und 100 ml lauwarmes Wasser zugeben und verkneten. An einem warmen Ort abgedeckt mindestens 30 Min. gehen lassen, bis sich das Volumen verdoppelt hat.

● Den Backofen auf 180 °C vorheizen. Den Teig zu 10 flachen Fladen ausrollen. Die Tomaten mit den Kräutern der Provence und etwas Salz vermischen. Auf die Fladen streichen. Zwei Bleche mit Backpapier belegen und die Fladen darauflegen.

● Die Zucchini waschen und grob raspeln, den Fenchel waschen und in schmale Streifen schneiden. Beides auf den Pizzen verteilen. Den Käse grob reiben und darüber verteilen.

● Die Bleche nacheinander im Ofen jeweils 12 Min. backen.

Tipp Die Pizzen lassen sich gut einfrieren oder auch ein paar Tage im Kühlschrank aufbewahren. Sie schmecken auch kalt, dann aber rechtzeitig aus dem Kühlschrank nehmen, damit sie Zimmertemperatur annehmen können.

Mit viel Eisen und Omega-3-Fettsäuren

Rote-Bete-Pommes mit Sanddorn-Dip

Für 2–3 Portionen
⊘ 50 Min.

600 g frische Rote Bete • Rapsöl • Jodsalz •
Pfeffer • 25 g Walnusskerne • 75 g
Schmand • 75 g Vollmilch-Naturjoghurt •
2–3 EL Sanddornsaft

• Den Backofen auf 200 °C vorheizen.

• Die Rote Bete schälen und in pommesgroße Stifte schneiden. Die Stifte auf
einem mit Backpapier ausgelegten Backblech verteilen. Gut mit Rapsöl beträufeln, mit etwas Salz und Pfeffer würzen
und etwa 40 Min. garen, dabei hin und
wieder wenden.

• Walnüsse in einer Pfanne ohne Fett
rösten, bis sie zu duften beginnen, dann
grob hacken. Schmand und Joghurt verrühren, dann die Nüsse und den Sanddornsaft unterziehen. Mit Salz und
Pfeffer abschmecken.

• Die Pommes mit dem Dip servieren.

Tipp Die Rote Bete am besten mit
Handschuhen schälen, denn sie färben
nachhaltig.

Richtig gesunde Pommes!

Süßkartoffel-Pommes mit Schnittlauch-Dip

Für 2–3 Portionen
⊘ 45 Min.

600 g Süßkartoffeln • Olivenöl • Jodsalz •
100 g Crème fraîche • 2 TL Zitronensaft •
1 TL Schnittlauchröllchen

• Den Backofen auf 200 °C vorheizen.

• Die Süßkartoffeln schälen und in
pommesgroße Stifte schneiden. Auf einem mit Backpapier belegten Backblech
verteilen.

• Gut mit Olivenöl beträufeln und
25–30 Min. backen. Hin und wieder
wenden. Anschließend wenig salzen.

• Crème fraîche, Zitronensaft, Schnittlauch und wenig Salz zu einem Dip
verrühren und dazu servieren.

Tipp Für die Eltern können auf einen Teil
der Kartoffeln angedrückte Knoblauchzehen und ein paar Rosmarinzweige
gelegt werden. Vielleicht mag Ihr Kind
den würzigen Geschmack auch schon?

❯ Süßkartoffel-Pommes mit Schnitt-
lauch-Dip

Für alle, die es würzig mögen!
Veggie-Chili mit Avocadodip

Für 4–6 Portionen
⏱ 40 Min.

- 150 g Mais (aus der Dose)
- 150 g Kidneybohnen (aus der Dose)
- 200 g Natur- oder Räuchertofu
- 1 Zwiebel
- 1 Knoblauchzehe
- 4 EL Olivenöl
- 200 g Tomatenmark
- 2 EL Agavendicksaft
- 400 g passierte Tomaten (aus der Dose)
- 1 TL Kreuzkümmel
- 1 TL Oregano
- Pfeffer
- evtl. etwas Cayennepfeffer
- Jodsalz
- 1 Avocado
- 300 g Vollmilch-Naturjoghurt
- 1 unbehandelte Zitrone

● Mais und Kidneybohnen in einem Sieb abspülen und abtropfen lassen. Den Tofu fein zerbröseln. Die Zwiebel schälen und grob hacken. Den Knoblauch schälen und fein hacken.

● Das Olivenöl in einer Pfanne erhitzen und den zerkrümelten Tofu etwa 5 Min. darin braten. Dann die Zwiebel dazugeben und nochmals 5 Min. braten, in der letzten Minute den Knoblauch zugeben. Das Tomatenmark und den Agavendicksaft hinzufügen und alles kurz karamellisieren.

● Passierte Tomaten, Mais und Kidneybohnen zugeben. Mit Kreuzkümmel, Oregano und Pfeffer würzen. Nochmals 2 Min. kochen und dann salzen.

● Für den Dip das Avocado-Fruchtfleisch aus der Schale lösen und mit dem Joghurt zusammen pürieren. Die Zitrone heiß abwaschen, abtrocknen, die Schale abreiben und den Saft auspressen. Schale und Saft zum Joghurt geben, salzen und pfeffern. Den Avocadodip beim Servieren über das Chili geben.

Variante Die Würze kann für manche Kinder eine Herausforderung sein, der die feinen Geschmacksnerven noch nicht gewachsen sind. Salzen und würzen Sie den Teil für Ihr Kind nur leicht, lassen den (Cayenne-)Pfeffer unter Umständen ganz weg und geben Sie Gewürze nur in die Erwachsenenportion.

Tipp Das Chili lässt sich gut nochmal aufwärmen und ist auch zum Einfrieren geeignet.

Wenn der Abschied vom Brei noch schwer fällt …
Kartoffel- und Bohnenpüree

Für 2–3 Portionen
⊘ 45 Min.

- 500 g mehligkochende Kartoffeln
- Jodsalz
- 125 ml Vollmilch
- 20 g Butter
- frisch geriebene Muskatnuss
- 1 Knoblauchzehe
- 1 Dose weiße Bohnen (425 g Abtropfgewicht)
- 4 EL Olivenöl
- ½ TL Thymian
- 2 EL Joghurt (am besten griechischer mit hohem Fettgehalt)
- Pfeffer
- 1 EL Zitronensaft

● Die Kartoffeln schälen und gut 25 Min. in Salzwasser kochen. Abgießen, kurz abdampfen lassen und heiß durch die Kartoffelpresse drücken. Die Milch erhitzen, zusammen mit der Butter zu den Kartoffeln geben und mit einem Schneebesen zu einem cremigen Püree verarbeiten. Mit Salz und Muskat abschmecken.

● Den Knoblauch schälen und fein hacken. Die Bohnen in einem Sieb abgießen und mit kaltem Wasser abspülen.

● Die Hälfte des Olivenöls in einem Topf erhitzen und den Knoblauch kurz darin dünsten, aber nicht braun werden lassen. Die Bohnen und die Hälfte des Thymians zugeben und 5 Min. mitdünsten.

● Dann die Bohnen in ein hohes Gefäß geben und grob pürieren. Restlichen Thymian, restliches Olivenöl und Joghurt unterrühren. Das Bohnenpüree mit Salz, Pfeffer und Zitronensaft würzen.

● Das Bohnen- auf dem Kartoffelpüree anrichten.

Das passt dazu Die Eltern können das Gericht mit einem Seitanschnitzel vervollständigen.

Tipp Lassen Sie sich nicht dazu verleiten, das Kartoffelpüree mit dem Pürierstab herzustellen. Die Masse wird dadurch zäh wie Kaugummi.

Soja- und Fleischersatz-produkte

Sojaprodukte haben einen hohen Gehalt an wertvollem Eiweiß. Ab dem 2. Lebensjahr dürfen sie hin und wieder auf dem Speiseplan stehen.

Im 1. Lebensjahr werden Sojamilch und Sojaprodukte allerdings nicht empfohlen, denn die Bohne enthält Phytoöstrogene, die dem weiblichen Hormon Östrogen sehr ähnlich sind und die auch ähnlich wirken. Auf den kleinen Kinderkörper hat das ungünstige Auswirkung, es kann unter anderem zu Schilddrüsenerkrankungen kommen. Außerdem hat Soja ein hohes allergenes Potenzial, deshalb vorsichtig ausprobieren.

Sojamilch. Die Milch wird aus gekochten Sojabohnen ausgepresst und enthält etwa so viel Eiweiß wie Kuhmilch, aber weniger Fett, Kohlenhydrate, B-Vitamine und Kalzium. Im Gegensatz zu Kuhmilch besitzt sie kein Vitamin B_{12}. Zwar ist mit Kalzium, Vitamin B_2 und B_{12} angereicherte Milch im Handel, doch als Milchersatz für Babys eignet sie sich auch wegen der Phytoöstrogene trotzdem nicht. Kleinkinder dürfen sie hin und wieder trinken, aber auch für sie ist Kuhmilch dauerhaft besser.

Sojajoghurt wird wie Joghurt aus Milch durch Säuerung mit Milchsäurebakterien hergestellt. Wie für die Sojamilch gilt auch für ihn: In Babys 1. Lebensjahr ist er nicht geeignet. Danach dürfen Sie ihn immer mal wieder, aber nicht zu häufig, anbieten.

Tofu. Das Prinzip der Tofuherstellung ist dem der Käseherstellung ähnlich. Es entsteht ein sehr eiweißreiches Produkt, dessen Phytoöstrogengehalt aber noch höher ist als der von Sojamilch. Deshalb ist er für ganz Kleine nicht empfehlenswert. Aber für Veggies ab einem Jahr ist er wegen des guten Eiweißes hin und wieder erlaubt und vielseitig einsetzbar. Durch Marinieren mit Sojasauce und Gewürzen nimmt Tofu viele leckere Geschmacksrichtungen an. Es gibt ihn auch schon fertig gewürzt und sogar geräuchert.

Sojaschnetzel gibt es in verschiedenen Größen und Formen. Das auch Sojafleisch genannte Produkt wird aus entfettetem

Sojamehl hergestellt. Es enthält viel gutes Eiweiß und wenig Fett. Wegen seiner fleischähnlichen Konsistenz wird es gerne als Fleischersatz genommen, dazu müssen die relativ geschmacksneutralen Schnetzel eingeweicht und gewürzt werden. Sie dürfen ab dem 1. Lebensjahr hin und wieder auf den Tisch.

Tempeh wird aus getrockneten eingeweichten Sojabohnen hergestellt, die mithilfe eines Pilzes fermentiert werden. Wie Sojabohnen und Produkte aus ihnen, sollten Sie ihn wegen der Phytoöstrogene nicht vor Vollendung des 1. Lebensjahrs füttern.

Seitan ist eine wahre Glutenbombe, die Sie vor allem bei erhöhter Zöliakiegefahr nur vorsichtig einsetzen sollten. Seitan besteht aus dem ausgewaschenen Gluten aus Getreide, also aus reinem Eiweiß. Wegen seiner zähen Konsistenz ist es Fleisch recht ähnlich und wird gerne zu Fleischersatzprodukten verarbeitet. Nicht-zöliakiegefährdete Kleinkinder dürfen Seitan gerne probieren.

Quorn. Unter diesem Handelsnamen wird seit Kurzem ein aus Pilzen gewonnenes Produkt angeboten, das fermentiert, mit Vitaminen und Mineralstoffen angereichert und mit Hühnereiweiß gebunden wird. Das kalorien-, aber ballaststoffreiche Produkt ist für die Babyernährung nicht besonders geeignet, da es zu wenig Energie mitbringt und Blähungen verursachen kann. Frühestens mit 9 Monaten einführen.

Was steckt da wohl drin?

Zwergenhütchen mit Feta-Kräuter-Füllung

Für 2–3 Portionen
⊘ 40 Min.

- 4–6 Riesenchampignons
- 2–3 EL Olivenöl
- 1 rote Zwiebel
- 1 Knoblauchzehe
- Jodsalz

- Pfeffer
- 1 Tomate
- 1 kleine Zucchini
  (150–200 g)
- etwa 50 ml Gemüsebrühe

- ½ Bund Frühlings-
  zwiebeln
- 2 EL gehackte frische
  Kräuter nach Geschmack
- 100–150 g Feta

● Die Stiele aus den Champignons brechen und die Haut von den Hüten abziehen. Die Lamellen mit einem Messer herauskratzen.

● 1–2 EL Olivenöl in einer Pfanne erhitzen und die Pilze einige Minuten darin von allen Seiten braun braten. Herausnehmen und auf Küchenpapier abtropfen lassen.

● Zwiebel und Knoblauch schälen und fein hacken. Das restliche Olivenöl in die Pfanne geben und die Zwiebeln darin bei mittlerer Hitze 5–10 Min. weich dünsten. Dann Knoblauch, etwas Salz und Pfeffer hinzugeben.

● Die Tomate und die Zucchini waschen und sehr klein würfeln. Beides zu den Zwiebeln und dem Knoblauch geben, die Hitze reduzieren und mit der Gemüsebrühe ablöschen.

● Die Frühlingszwiebeln waschen und in feine Ringe schneiden. Ebenfalls in die Pfanne geben.

● Kräuter und Gemüse in der Pfanne vermischen. Den Feta klein schneiden und mit dem Gemüse mischen. Die Champignons mit der Masse füllen.

Tipp Feta ist oft sehr salzig. Versuchen Sie, eine milde Sorte mit wenig Salz zu finden und salzen Sie die Füllung nicht weiter.

Zum Selber-Löffeln

Kartoffelpüree mit Fenchelgemüse

Für 2–3 Portionen
⊘ 45 Min.

500 g mehligkochende Kartoffeln •
Jodsalz • 125 ml Vollmilch • 1 EL Butter •
frisch geriebene Muskatnuss • 1 Fenchel-
knolle • 2 unbehandelte Orangen • 2 EL
Butter • weißer Pfeffer

● Kartoffeln schälen und kochen. Abgießen, kurz abdampfen lassen und heiß
durch die Kartoffelpresse drücken. Milch
erhitzen, mit der Butter zu den Kartoffeln geben und mit einem Schneebesen
zu einem cremigen Püree verarbeiten.
Mit Salz und Muskat abschmecken.

● Fenchel putzen und in feine Scheiben
schneiden. Orangen heiß waschen, in
Scheiben schneiden und die Scheiben
halbieren. Butter in einer Pfanne erhitzen, Fenchel und Orangen darin andünsten und zugedeckt bei schwacher Hitze
etwa 3 Min. ziehen lassen.

● Das Fenchelgemüse auf dem Kartoffelpüree anrichten.

Tipp Eltern mögen dazu in Sojasauce
marinierte und gebratene Tofustreifen
oder gebratene Tofuwürstchen.

Schnell, einfach und gesund

Couscous-Gemüse-Pfanne

Vegan
Für 2–3 Portionen
⊘ 30 Min.

150 g Möhren • ½ Kohlrabi • 3 TL Rapsöl •
150 g TK-Erbsen • 100 g Couscous • 300 ml
Gemüsebrühe • Jodsalz

● Möhren und Kohlrabi schälen und in
kleine Würfel schneiden.

● Das Öl in einer Pfanne erhitzen.
Möhren- und Kohlrabiwürfel hinzufügen
und bei mittlerer Hitze 10 Min. unter
gelegentlichem Rühren braten. Dann
Erbsen und Couscous hinzufügen und
gut verrühren.

● Die Brühe zugeben und bei schwacher Hitze 10–15 Min. weiterköcheln,
bis Gemüse und Cousous gar sind. Nach
Wunsch noch etwas Brühe zufügen und
mit etwas Salz abschmecken.

Tipp Diese Couscous-Pfanne ist sehr
mild, weil kein weiteres Gewürz vorgesehen ist. Die Eltern dürfen mit orien-
talischen Würzmischungen wie Ras el
Hanout, mit Kreuzkümmel oder speziel-
lem Couscous-Gewürz nachwürzen.

Der milde Kürbis schmeckt fast jedem

Kürbis-Hirsotto

Für 2–3 Portionen
⊘ 45 Min.

- 250 g Goldhirse
- ca. 800 ml Gemüsebrühe
- 250 g Hokkaido-Kürbis (geschält und entkernt gewogen)
- ½ Zwiebel
- 1 EL Rapsöl
- 75 ml Vollmilch
- Jodsalz
- Pfeffer
- 1 EL Sojasauce

● Die Hirse in einem Sieb unter fließend heißem Wasser waschen, bis das abfließende Wasser nicht mehr milchig ist. Dann mit der doppelten Menge Gemüsebrühe bedeckt aufkochen lassen. Restliche Brühe aufbewahren.

● Hirse 5 Min. bei mittlerer Hitze kochen, dann die Platte ausstellen und die Hirse 10 Min. ausquellen lassen.

● In der Zwischenzeit den Kürbis schälen, entkernen und würfeln. Die Zwiebel schälen und fein würfeln.

● Das Öl in einem Topf erhitzen und die Zwiebel darin einige Minuten dünsten, dann den Kürbis dazugeben und mitbraten. Mit etwas Wasser und der Milch aufgießen und zugedeckt bei schwacher Hitze dünsten, bis der Kürbis weich ist.

● Die restliche Gemüsebrühe erhitzen. Die Hirse zum Kürbis geben und nach und nach so viel Gemüsebrühe einrühren, bis das Hirsotto sämig ist. Mit Salz, Pfeffer und der Sojasauce abschmecken.

Tipp Vielleicht ist die Würze der Sojasauce zu viel für das Kind. Probieren Sie es erst mal ohne und würzen Sie auf dem Teller nach.

Italienisches in Grün-Rot-Weiß

Tomaten-Zucchini-Risotto

Für 2–3 Portionen
⊘ 30 Min.

300 g Zucchini • 100 g Risotto-Reis • Jodsalz • 1 Tomate • einige Basilikumblättchen • 100 g Mascarpone

● Die Zucchini waschen und raspeln.

● Den Reis nach Packungsanweisung in etwa dreimal so viel leicht gesalzenem Wasser kochen, bis er weich ist. Dann den größten Teil des übrig gebliebenen Wassers abgießen.

● Die Zucchiniraspel unterrühren und den Reis 1–2 Min. aufkochen.

● Inzwischen die Tomate waschen, in kleine Würfel schneiden und die Basilikumblättchen in feine Streifen schneiden.

● Zusammen mit dem Mascarpone unter den Reis rühren.

Schmeckt warm und kalt

Gesprenkelte Polenta-Schnitten

Vegan
Für 2–3 Portionen
⊘ 30 Min. + 30 Min. Abkühlzeit

450 ml Gemüsebrühe • 150 g Maisgrieß • 2 getrocknete, in Öl eingelegte Tomaten • 100 g Möhren • 1 EL Rapsöl

● Die Gemüsebrühe in einem Topf aufkochen. Den Maisgrieß mit einem Schneebesen langsam einrühren. Die Temperatur reduzieren und den Grieß 10 Min. quellen lassen.

● Die Tomaten abtropfen lassen und grob hacken. Die Möhren schälen und grob raspeln. Beides zum Maisgrieß geben und 10 Min. leise köcheln.

● Die Polenta vom Herd nehmen und das Rapsöl einrühren. Weitere 5 Min. quellen lassen.

● Eine kleine rechteckige Form ausfetten und die Grießmasse darin ausstreichen. In der Form mindestens 30 Min. abkühlen lassen. Dann in Streifen schneiden und servieren.

Variante Die Eltern können die Polenta-Streifen in etwas Butter in der Pfanne von beiden Seiten knusprig braten.

❯❯ Gesprenkelte Polenta-Schnitten

Süße luftige Bällchen

Dinkelbällchen mit Heidelbeerkompott

Für 2–3 Portionen
⊘ 40 Min. + 40 Min. Gehzeit

- 125 g Dinkel-Vollkornmehl und etwas für die Arbeitsfläche
- 2 EL Rohrzucker
- 2 EL weiche Butter
- Jodsalz
- 185 ml lauwarmes Wasser
- ½ Pck. Trockenhefe
- 150 g TK-Heidelbeeren
- ½ TL Zimt

● Dinkelmehl mit 1 EL Zucker, 1 EL Butter, Salz, 125 ml lauwarmem Wasser und Hefe mit den Knethaken eines Handmixers zu einem glatten Teig verarbeiten. Zugedeckt 30– 40 Min. an einem warmen Ort auf etwa die doppelte Größe aufgehen lassen.

● Für das Heidelbeerkompott 60 ml Wasser mit dem restlichen Zucker unter Rühren zum Kochen bringen, dann die Heidelbeeren hineingeben und bei geringer Hitze 30 Min. weiterköcheln und anschließend abkühlen lassen.

● Die Arbeitsfläche leicht mit Mehl bestäuben, den Hefeteig darauf mit den Händen durchkneten und zu einer Rolle formen.

● Die Teigrolle in 8 etwa gleich große Scheiben schneiden, Klöße daraus formen und zugedeckt etwa 5 Min. gehen lassen.

● Einen breiten Topf etwa 2 cm hoch mit Wasser füllen und aufkochen lassen. Einen Dämpfeinsatz mit der restlichen Butter einfetten, die Klöße darauflegen und den Einsatz in den Topf stellen. Klöße zugedeckt etwa 15 Min. bei mittlerer Hitze dämpfen.

● Klöße mit dem Kompott servieren.

Kleine Warnung Das Kompott spritzt lustig und hinterlässt dabei kräftig bunte Flecken!

Wer braucht denn Hackfleisch?
Spiralnudeln mit Veggie-Bolognese

Vegan
Für 2–3 Portionen
⏱ 30 Min.

- ½ Zwiebel
- 1 Knoblauchzehe
- 75 g Möhre
- 150 g Zucchini
- 1 EL Rapsöl
- 1 TL Tomatenmark
- 2 EL Gemüsebrühe
- 400 g passierte Tomaten (aus der Dose)
- Jodsalz
- Pfeffer
- 2 TL getrockneter Oregano
- 250 g Spiralnudeln
- 25 g Walnusskerne

● Zwiebel und Knoblauch schälen und fein würfeln. Die Möhre schälen und grob raspeln. Die Zucchini waschen und ebenfalls grob raspeln.

● Das Öl in einem großen Topf erhitzen. Die Zwiebel darin bei mittlerer Hitze glasig dünsten und in den letzten 2 Min. den Knoblauch zugeben. Dann auch Möhren- und Zucchiniraspel zugeben und etwa 1 Min. mit andünsten.

● Das Tomatenmark hinzufügen und kurz mitrösten. Mit Gemüsebrühe ablöschen und die passierten Tomaten unterrühren. Mit wenig Salz, Pfeffer und dem Oregano würzen. Bei schwacher Hitze im offenen Topf etwa 20 Min. köcheln lassen, bis die Sauce sämig ist.

● Inzwischen die Nudeln nach Packungsanleitung in reichlich kochendem Salzwasser al dente garen.

● Die Walnüsse sehr fein hacken und in einer beschichteten Pfanne ohne Fett rösten, bis sie zu duften beginnen. Walnüsse unter die Tomatensauce heben.

● Die Nudeln abgießen, abtropfen lassen und mit der Sauce servieren.

Variante Die Eltern dürfen kräftiger pfeffern und etwas nachsalzen.

Mit ganz viel Eisen und Eiweiß

Spaghetti mit Linsensauce

Für 2–3 Portionen
⊘ 30 Min.

½ Zwiebel • 2 EL Butter • 3 Tomaten • 100 g
rote Linsen • 150 ml Gemüsebrühe • 75 g
Sahne • 250 g Spaghetti • Jodsalz • etwas
frischer Koriander • Pfeffer

● Zwiebel schälen und sehr fein hacken.
Butter in einer großen Pfanne erhitzen
und die Zwiebel darin andünsten.

● Die Tomaten mit kochendem Wasser
überbrühen, häuten, entkernen und
grob hacken. Mit den Linsen in die
Pfanne geben. Gemüsebrühe und Sahne
dazugießen. Alles bei schwacher Hitze
zugedeckt 15 Min. köcheln lassen.

● Spaghetti in reichlich Salzwasser nach
Packungsanweisung al dente kochen.

● Koriander waschen, die Blättchen
abzupfen, grob hacken und zusammen
mit dem Pfeffer und etwas Salz zu der
Linsensauce geben.

● Die Spaghetti abgießen und in einer
großen Schüssel mit der Sauce mischen.

Das passt dazu Nach Geschmack mit
Parmesan bestreuen. Die Eltern dürfen
die Sauce mit mehr Salz, Pfeffer und
Cayennepfeffer abschmecken.

Für kleine Erbsensucher

Muschelnudeln mit Gemüse

Für 2–3 Portionen
⊘ 25 Min. + 25 Min. Backzeit

250 g Muschelnudeln • Jodsalz • 250 g
Blumenkohl • 150 g TK-Erbsen • 40 g
Parmesan • 1 TL getrocknete Kräuter der
Provence • 1 Ei • 125 g Sahne • Pfeffer •
25 g Walnusskerne

● Nudeln nach Packungsanweisung al
dente kochen.

● Blumenkohl waschen, in Röschen teilen und je nach Größe noch in Scheiben
schneiden. In kochendem Salzwasser
2–3 Min. bissfest blanchieren. In der
letzten Minute die Erbsen zugeben. Abgießen, kalt abschrecken und abtropfen
lassen.

● Den Backofen auf 200 °C vorheizen.
Parmesan reiben und die Hälfte davon
mit Kräutern, Ei und Sahne verquirlen.
Leicht salzen und pfeffern.

● Die Nudeln mit dem Gemüse mischen
und in eine kleine Auflaufform geben.
Die Eiersahne darüber verteilen. Die
Walnüsse fein mahlen, mit dem restlichen Parmesan mischen und darüberstreuen.

● Etwa 25 Min. goldbraun überbacken.

Nüsse, Mandeln und Samen

Nüsse, Mandeln und Samen enthalten wertvolle mehrfach ungesättigte Fettsäuren und sind dadurch sehr gesund für kleine Veggies. Gemahlen und zerkleinert bereichern sie viele Gerichte.

Lange Zeit hat man davon abgeraten, Nüsse vor Beendigung des 1. Lebensjahres zu geben. Die Befürchtung, damit eine Allergie zu provozieren, war groß. Zum Glück weiß man heute, dass man durch die frühzeitige Gabe von potenziellen Allergenen den Körper trainieren und damit sogar vor Allergien schützen kann. Jetzt sind Nüsse deshalb schon früh erlaubt. Allerdings dürfen Babys und kleine Kinder keine ganzen Nüsse essen, denn die Verschluckungsgefahr ist hoch.

Mandeln. Mit ihnen ist man in puncto Allergiegefahr so gut wie aus dem Schneider, denn streng genommen gehören Mandeln gar nicht zu den Nüssen und sie haben auch nur ein sehr geringes allergenes Potenzial.

Mandelmus, besonders das weiße aus geschälten Mandeln, ist eine tolle Ergänzung für Breie und eine leckere Zutat in vielen Gerichten, denn es liefert eine Extraportion Eisen. Zudem ist es sehr kalorienreich und päppelt zarte Babys auf.

Haselnüsse. Gehen Sie bei Allergiegefahr vorsichtig an die Verwendung dieser Nüsse heran, denn ihr allergenes Potenzial ist recht hoch. Doch wer sie verträgt, profitiert von viel Eisen, ungesättigten Fettsäuren und Kalzium.

Erdnüsse. Allergien auf Erdnüsse kommen recht häufig vor, deshalb ist auch hier vorsichtiges Ausprobieren geboten, besonders, wenn Allergien schon in der Familie vorkommen. Im Vergleich zu anderen Nüssen besitzen Erdnüsse besonders viel Eiweiß. Übrigens: Ungesüßtes Erdnussmus ist ein leckerer und gesunder Brotbelag.

Walnüsse. Satte 42 Gramm mehrfach ungesättigter Fettsäuren stecken in 100 Gramm Walnüssen. Ein Geschenk für kleine und große Vegetarier! Walnüsse dürfen gerne gegessen werden, doch wegen der

Verschluckungsgefahr nicht als Ganzes, sondern im Essen verarbeitet oder als Öl.

Kokosnüsse. Das Fleisch von Kokosnüssen ist sehr fettreich, daher sollte es auch von kleinen Kindern nicht in zu großen Mengen und nicht zu häufig gegessen werden. Die Allergiegefahr ist sehr gering. Ein Stückchen Kokosnuss, natürlich ohne Schale, eignet sich als Fingerfood zum darauf Herumkauen, dann wird ohnehin nicht so viel davon verzehrt.

Leinsamen. Man kennt Leinsamen vor allem bei Verdauungsproblemen, denn seine Ballaststoffe räumen den Darm richtig auf. Gemahlenen Leinsamen können Sie auch schon Babys geben. Interessant ist Leinsamen auch wegen seines hohen Gehaltes an Alpha-Linolensäure.

Sesam. Von allen Nüssen und Samen hat Sesam den höchsten Eisen- und Zinkgehalt. Kleine Veggies lieben den Geschmack der winzigen Körnchen meistens sehr. Leider sind auch hierbei Allergien auf dem Vormarsch. Deshalb: Wenn Ihr Kind gefährdet ist, probieren Sie Sesam vorsichtig aus. Wenn Sie Bedenken wegen der kleinen Körnchen haben, ist Sesammus (Tahin) eine Alternative. Es eignet sich auch gut als Brotaufstrich. Als Paste mit pürierten Kichererbsen wird daraus Hummus, ein leckerer Dip aus der Küche des Nahen Ostens, der mit Olivenöl geschmeidig gerührt wird. Schmeckt auch Babys gut.

Nudeln mit Sauce – immer lecker

Nudeln mit Erbsen-Mandel-Schaum

Für 2–3 Portionen
⊘ 30 Min.

300 g Möhren • 175 g Bandnudeln •
Jodsalz • 3 EL Mandeln • 1 EL Rapsöl •
200 g TK-Erbsen • 200 g Sahne

● Die Möhren schälen und der Länge
nach mit einem Sparschäler in dünne
Streifen schneiden.

● Die Bandnudeln in reichlich kochendem Salzwasser nach Packungsanleitung
al dente garen. Etwa 8 Minuten vor Ende
der Kochzeit die Möhrenstreifen zugeben und mitkochen.

● Die Mandeln fein hacken. Das Öl in einem Topf erhitzen. Mandeln und Erbsen
hineingeben und 3–4 Min. bei mittlerer
Hitze garen. Die Sahne unterrühren und
kurz aufkochen.

● Die Erbsen-Mandel-Mischung zu
einer leicht schaumigen Sauce pürieren. Möhrennudeln abgießen, die Sauce
unterheben und servieren.

Variante Die Elternportion darf nach-
gesalzen und ordentlich gepfeffert
werden.

So knallbunt schmeckt's noch besser!

Hirsenudeln in Pink

Für 2–3 Portionen
⊘ 25 Min.

250 g Hirsenudeln • Jodsalz • 250 g gegarte Rote Bete (vakuumverpackt) • 1 Zwiebel • 1 EL Rapsöl • 125 ml Gemüsebrühe •
100 g Sahne • Pfeffer • etwas Zitronensaft

● Hirsenudeln in kochendem Salzwasser
nach Packungsanweisung kochen.

● Rote Bete in Stücke schneiden. Die
Zwiebel schälen und fein würfeln. Öl in
einer Pfanne erhitzen. Zwiebel und Rote
Bete darin leicht andünsten. Dann die
Hälfte der Roten Bete herausnehmen
und beiseitestellen.

● Die Gemüsebrühe zusammen mit der
Sahne in die Pfanne gießen und aufkochen. In ein hohes Gefäß füllen und
pürieren. Mit wenig Salz, Pfeffer und
Zitronensaft abschmecken. Restliche
Rote Bete in kleine Würfel schneiden
und dazugeben.

● Die Sauce nochmal erwärmen und zu
den Nudeln servieren.

◆▶ Nudeln mit Erbsen-Mandel-Schaum

Wer mag den nicht?

Apfel-Milchreis

Für 2–3 Portionen
⊘ 35 Min.

500 ml Vollmilch • 1 Prise Jodsalz • ½ TL Butter • 125 g Rundkornreis • 250 g leicht säuerliche Äpfel • 1 EL Zucker • 1 EL kalte Butter • Zimt und Zucker zum Bestreuen

● Milch mit Salz und Butter aufkochen. Den Reis mit einem Schneebesen einrühren und bei schwacher Hitze 15 Min. quellen lassen.

● Die Äpfel waschen, schälen, vierteln, die Kerngehäuse entfernen und die Äpfel in kleine, flache Stücke schneiden.

● Apfelstücke und Zucker zum Reis geben und alles im geschlossenen Topf weitere 10 Min. kochen lassen.

● Zum Schluss Butter in Flöckchen unterrühren. In Schälchen füllen und mit Zucker und Zimt bestreuen.

Mit Kirschen und Bananen

KiBa-Pfannkuchen

Für 2 Stück
⊘ 10 Min. + 20 Min. Quellzeit

75 g Dinkelmehl (Type 630) • 1 Prise Jodsalz • 125 ml Vollmilch • etwas gemahlene Vanille • 1 TL Butter • 1 kleines Ei • 100 g frische Süßkirschen • 1 Banane

● Mehl, Salz, Milch und gemahlene Vanille in einer Schüssel mit dem Schneebesen verrühren. Die Butter zerlassen. Erst das Ei, dann die zerlassene Butter unterrühren und den Teig 20 Min. quellen lassen.

● Die Kirschen waschen, halbieren und entsteinen. Die Banane schälen und in 1 cm dicke Scheiben schneiden.

● Die Hälfte des Teiges ohne Fettzugabe in eine beschichtete Pfanne geben. Die Hälfte der Kirschen und der Bananenscheiben darauf verteilen. Etwa 2 Min. von der einen Seite goldbraun braten, dann wenden und auf der anderen Seiten goldbraun braten. Mit der anderen Hälfte des Teigs ebenso verfahren.

Tipp Wer es süßer mag, gibt 1 EL Zucker in den Teig, denn Pfannkuchen mit aufgestreutem Zucker sind für Kleine oft zu kompliziert zu essen.

●▶ KiBa-Pfannkuchen

Ein neues Geschmackserlebnis

Kokos-Muffins

Vegan
Für 12 Muffins
⊘ 40 Min.

225 g Reis- oder Maismehl • 125 g Kokos-raspeln • 1½ EL Backpulver • etwas Jodsalz • 300 ml Kokosmilch (aus der Dose) • 60 g flüssiger Honig oder Ahorn-sirup • 4 EL Rapsöl

● Papierförmchen in ein 12er-Muffin-Blech setzen. Den Backofen auf 220 °C vorheizen.

● Mehl mit Kokosraspeln, Backpulver und Salz mischen. Die Kokosmilch mit Honig oder Ahornsirup und Öl ver-rühren. Alle Zutaten gut miteinander vermischen.

● Den Teig in die Papierförmchen füllen. Die Muffins in den ersten 5 Min. bei 220 °C backen, dann die Temperatur auf 180 °C herunterschalten. Insgesamt 20–25 Min. backen.

● Muffins 10 Min. in der Form ausküh-len lassen, dann herausnehmen.

Gelingt auch mit TK-Himbeeren

Müsli-Himbeer-Muffins

Für 12 Stück
⊘ 40 Min.

200 g Dinkelmehl (Type 1050) • 2 TL Back-pulver • 60 g Knuspermüsli • 250 g frische Himbeeren • 1 Ei • etwas gemahlene Vanille • 4 EL Ahornsirup • 100 ml Rapsöl • 200 g Vollmilch-Naturjoghurt

● Papierförmchen in ein 12er-Muffin-Blech setzen. Den Backofen auf 220 °C vorheizen.

● Mehl mit Backpulver und dem Knuspermüsli mischen. Die Himbeeren verlesen und sanft säubern, aber nicht waschen.

● Das Ei mit Vanille, Ahornsirup, Öl und Joghurt glatt rühren. Die Mehlmischung zügig unterrühren und die Beeren vor-sichtig unterheben.

● Den Teig in die Papierförmchen füllen und die Muffins in den ersten 5 Minuten bei 220 °C backen, dann herunterschal-ten auf 180 °C. Insgesamt 20–25 Min. backen.

● Muffins 10 Min. in der Form ausküh-len lassen, dann herausnehmen.

●▸ Müsli-Himbeer-Muffins

Supergesund, süß und lecker!

Kokos-Power-Bällchen

Vegan
Für 25–30 Kugeln
⊘ 20 Min. + 4 Std. Trockenzeit

200 g gemahlene Mandeln • 200 g ungeschwefelte getrocknete Softaprikosen •
Saft von 1 Zitrone • 1 Msp. Zimt • 1 Msp.
gemahlene Vanille • 1 EL Kokosraspel

● Alle Zutaten zusammen im Mixer
pürieren. Es entsteht eine klebrig-feste
Teigmasse.

● Zu kleinen Kugeln formen und in
Kokosraspeln wälzen. 3–4 Stunden abgedeckt trocknen lassen.

Tipp In kleinen Papierförmchen für
Pralinen sehen die Energiekugeln richtig
hübsch aus. Für kleine Vegetarier sind
sie besonders wertvoll, denn sie enthalten viel Eisen, ungesättigte Fettsäuren
und außerdem jede Menge Beta-Carotin.

Noch mehr Energie-Kugeln

Hafer-Power-Bällchen

Für 25–30 Kugeln
⊘ 20 Min. + 4 Stunden Trockenzeit

100 g feine Haferflocken • 150 ml Orangensaft • 200 g ungeschwefelte getrocknete
Softaprikosen • 100 g weiche getrocknete
Pflaumen • 60 g gemahlene Mandeln •
60 g Sesam

● 75 g Haferflocken 10 Min. in Orangensaft einweichen. Aprikosen und Pflaumen klein schneiden und dazugeben.
Alle Zutaten im Mixer pürieren. Es
entsteht eine klebrig-feste Teigmasse.

● Zu kleinen Kugeln formen und in den
restlichen Haferflocken wälzen. 3–4
Stunden abgedeckt trocknen lassen.

Tipp Dazu brauchen Sie einen wirklich
leistungsfähigen Mixer, denn die Masse
ist recht fest und klebrig. Eventuell geht
das Mixen auch besser in kleinen Portionen mit dem Pürierstab.

◆▶ Kokos-Power-Bällchen

Rezeptregister

Stichwortverzeichnis

Liebe Leserin, lieber Leser,

hat Ihnen dieses Buch weitergeholfen? Für Anregungen, Kritik, aber auch für Lob sind wir offen. So können wir in Zukunft noch besser auf Ihre Wünsche eingehen. Schreiben Sie uns, denn Ihre Meinung zählt!

Ihr TRIAS Verlag

E-Mail-Leserservice
kundenservice@trias-verlag.de

Lektorat TRIAS Verlag
Postfach 30 05 04
70445 Stuttgart
Fax: 0711 89 31-748